Comércio eletrônico e e-business
conceitos para entender a transformação digital

Comércio Eletrônico e E-business

conceitos para entender a transformação digital

Diniz Fiori

Rua Clara Vendramin, 58 . Mossunguê . CEP 81200-170
Curitiba . PR . Brasil . Fone: (41) 2106-4170
www.intersaberes.com
editora@intersaberes.com

Conselho editorial	Dr. Alexandre Coutinho Pagliarini
	Dr.ª Elena Godoy
	Dr. Neri dos Santos
	M.ª Maria Lúcia Prado Sabatella
Editora-chefe	Lindsay Azambuja
Gerente editorial	Ariadne Nunes Wenger
Assistente editorial	Daniela Viroli Pereira Pinto
Preparação de originais	Fabricia E. de Souza
Edição de texto	Millefoglie Serviços de Edição
	Tiago Krelling Marinaska
Capa	Débora Gipiela (design)
	supanut piyakanont/Shutterstock (imagens)
Projeto gráfico	Stefany Conduta Wrubleuski (design)
	Lais Galvão (adaptação)
Diagramação	Lais Galvão
Equipe de design	Inã Trigo
Iconografia	Regina Claudia Cruz Prestes

Dados Internacionais de Catalogação na Publicação (CIP)
(Câmara Brasileira do Livro, SP, Brasil)

Fiori, Diniz
    Comércio eletrônico e e-business : conceitos para entender a transformação digital / Diniz Fiori. -- Curitiba, PR : Editora Intersaberes, 2023.

    Bibliografia.
    ISBN 978-85-227-0413-2

    1. Comércio eletrônico – Administração 2. Transformação digital I. Título.

22-140625   CDD-658.84

Índices para catálogo sistemático:
1. Comércio eletrônico : Sucesso nos negócios : Estratégia e gestão : Administração   658.84
        Eliete Marques da Silva – Bibliotecária – CRB-8/9380

1ª edição, 2023.
Foi feito o depósito legal.
Informamos que é de inteira responsabilidade do autor a emissão de conceitos.
Nenhuma parte desta publicação poderá ser reproduzida por qualquer meio ou forma sem a prévia autorização da Editora InterSaberes.
A violação dos direitos autorais é crime estabelecido na Lei n. 9.610/1998 e punido pelo art. 184 do Código Penal.

Sumário

Apresentação..11

Capítulo 1: Perspectivas do e-commerce e e-business   15

1.1 Cenário do e-business e e-commerce 17
1.2 Origem do e-business 23
1.3 O profissional de e-commerce e e-business 25
1.4 Modelos de negócio e tipos de monetização 29
1.5 Características do e-commerce e e-business 37

Capítulo 2: Infraestrutura e processos   47

2.1 A importância da cultura digital 55
2.2 Tecnologias e softwares: ERP, CRM e API 56
2.3 User Experience (UX) 61

Capítulo 3: Arquitetura operacional   65

3.1 SaaS: software as a service 68
3.2 IaaS: infrastructure as a service 70

3.3 PaaS: plataform as a service 71

3.4 Fraudes e crimes na internet 71

3.5 Notícias falsas, ou fake news 76

3.6 Cibersegurança 77

3.7 Regulamentação: regras tributárias, Lei Geral de Proteção de Dados e Marco Civil da Internet 81

3.7 Cadeia de suprimentos no e-commerce 86

3.8 Negócios disruptivos, startups e inovação 94

Capítulo 4: A revolução das mídias digitais — 115

4.1 Conceito de mídias digitais 118

4.2 Influenciadores digitais e marketing de influência 122

4.3 Marketing e programa de afiliados 124

4.4 Assinaturas 125

4.5 Cashback 126

4.6 Leilão on-line 128

4.7 Comércio colaborativo ou crowdsourcing 130

4.8 Social commerce e social shopping 134

4.9 M-Commerce 135

4.10 Usuário gerando conteúdo (UGC) 136

Capítulo 5: Marketplaces — 139

5.1 E-business e e-commerce como canal de vendas 145

5.2 Pagamentos e transações digitais 148

5.3 Bancos, adquirentes, subadquirentes e bandeiras 151

5.4 Jogos eletrônicos 156

5.5 Gamificação 157

5.6 Ferramentas web e seu uso no e-business
e e-commerce 159

5.7 Mundos virtuais e metaverso 160

Capítulo 6: Machine learning e inteligência artificial — 165

6.1 Big data, data science e BI 171

6.2 Transformação da moeda e blockchain 174

6.3 Blockchain e NFT 176

6.4 Transformação digital e 5G 179

6.5 Redes ubíquas de computação sensorial 181

6.6 Realidade virtual e realidade aumentada 183

6.7 O futuro do comércio baseado na web 186

Considerações finais 189

Lista de siglas 191

Referências 193

Sobre o autor 207

A Deus, pois a ele devemos toda a nossa reverência.

A meus pais, pelas tantas vezes que abriram mão de seus sonhos pelos meus e sempre abraçaram os meus sonhos como se deles fossem.

A minha companheira de vida, Giana, e a nossos filhos, Cecília, Vinicius e Luiza, que me trazem os melhores sentimentos de família e a certeza de que eu não poderia ter outra melhor.

"Como a cultura é mediada e determinada pela comunicação, as próprias culturas, isto é, nossos sistemas de crenças e códigos historicamente produzidos são transformados de maneira fundamental pelo novo sistema tecnológico e o serão ainda mais com o passar do tempo."

(Castells, 2003, p. 414)

Apresentação

Escrever sobre e-commerce e negócios digitais é sinônimo de discorrer sobre o comportamento da sociedade moderna. Os dispositivos digitais estão incorporados ao nosso cotidiano e fazem parte dos nossos hábitos, tanto que nem percebemos a influência que exercem em nossas decisões. É certo que a sociedade e o mundo dos negócios sofreram uma revolução digital, e essa transformação se manifesta também no comportamento das pessoas, que consultam seus smartphones freneticamente à procura de notícias, novidades, informações ou compras.

Assim, para abordar esse e outros assuntos que estão mudando a sociedade, dividimos este livro em seis capítulos.

No Capítulo 1, apresentaremos os cenários e as perspectivas do comércio eletrônico e dos negócios digitais. O cenário de negócios digitais é repleto de oportunidades e desafios, e as empresas que operam nesse setor vêm buscando solucionar problemas da sociedade por meio de inovações tecnológicas. Muitas dessas empresas nasceram com a revolução digital, o que mostra a força de uma cultura e de uma abordagem com foco na inovação. No entanto, engana-se quem pensa que se trata de um mercado fechado e consolidado – embora a atividade esteja repleta de grandes players, são inúmeras as oportunidades para pequenas e novas empresas, as startups, lançarem seus produtos e serviços. Nesse capítulo, relataremos brevemente o surgimento dos negócios digitais e comentaremos sobre as perspectivas para profissionais e novos negócios.

No Capítulo 2, abordaremos as bases que suportam a inovação nos meios digitais, como funcionam a infraestrutura e os processos que dão sustentação e tecnologia para o desenvolvimento dos negócios digitais. Proporemos uma reflexão sobre a importância da cultura digital e da transformação da sociedade nesse cenário. Pessoas e organizações têm incorporado as ferramentas tecnológicas a seu comportamento, o que aponta para a necessidade de entender o processo, o desenvolvimento e o impacto dessas tecnologias nas pessoas. Portanto, é imperioso identificar o espaço da tecnologia e compreender como ela pode ser associada à vida cotidiana de modo a favorecê-la.

No Capítulo 3, enfocaremos os softwares e sua arquitetura operacional. Faremos uma sucinta explicação dos modelos de comercialização de softwares que deram origem aos primeiros negócios digitais e explanaremos os novos modelos de negócios de inovação, as startups, que estão atuando em todas as áreas do conhecimento.

As inovações nos modelos de negócios têm alterado a forma como as pessoas se comunicam, se relacionam, interagem, consomem, além de remodelar seu comportamento. As relações humanas foram profundamente afetadas pela tecnologia. Negócios digitais como as redes sociais estão de tal maneira naturalizados no cotidiano que muitas pessoas nem se dão conta de que estão utilizando plataformas digitais mediadas por empresas e seus algoritmos, um modelo de negócio que envolve bilhões de usuários e movimenta fortunas em publicidade e vendas, o tema do Capítulo 4.

Oportunidades e ameaças dos modelos de negócios digitais podem ser percebidas de uma perspectiva positiva, desde que os entendamos como novos canais de vendas, que dão acesso a milhões de novos potenciais consumidores, a inovadoras formas de se comunicar, de processar dados e de comercializar produtos e serviços. Contudo, se configura como uma ameaça caso não se entenda esses novos modelos de negócios, suas ferramentas e, principalmente, as mudanças de hábitos de consumo da sociedade (Junqueira, 2020). O novo modelo de negócios digitais tem apresentado inúmeras possibilidades aos empreendedores, mesmo pequenos empresários, que podem participar mediante plataformas de marketplaces ou redes sociais. A grande dúvida para a maioria desses empresários é até que ponto o esforço em participar dessas plataformas compensa. Portanto, no Capítulo 5, abordaremos essa forma revolucionária de venda de produtos e serviços, os marketplaces, que impulsionou o resultado das empresas, transformando essas plataformas em gigantes do mercado de tecnologia. Nesse cenário de constante transformação, plataformas com diferentes propostas de negócios têm surgido, e esses novos modelos são um desafio ao empresário.

Para finalizar, no Capítulo 6, versaremos sobre as novas tecnologias, como estão sendo implementadas e qual será o futuro das tecnologias guiadas pela inteligência artificial e como elas impactarão a sociedade. Ademais, discutiremos o ambiente dos novos negócios digitais, que têm novas demandas e exigem profissionais mais qualificados e criativos, capazes de acompanhar essa propulsão de desenvolvimento.

Capítulo 1

Perspectivas do e-commerce e e-business

Neste primeiro capítulo, descreveremos os cenários e modelos de negócio adotados por empresas de e-business e e-commerce. Traçaremos algumas tendências de como esses negócios podem evoluir e quais as oportunidades do segmento que se apresentam.

Negócios digitais são dinâmicos e, por isso, estimulam novos modelos e transações. Algumas soluções que hoje não parecem viáveis, como automóveis ou aviões autônomos, ou mesmo certos aspectos de realidade simulada, com o avanço da tecnologia, podem se tornar concretas muito rapidamente. Foi assim com a internet, os smartphones, as redes sociais, o streaming, a inteligência artificial e diversos outros engenhos e dispositivos que foram incorporados às praticas diárias.

O cenário dos negócios digitais é forjado também pelo comportamento da sociedade contemporânea. Afinal, boa parte das decisões, das atitudes e dos comportamentos das pessoas é influenciada pelas mídias digitais na atualidade. Logo, investigar os modelos de negócios digitais e sua constante inovação tecnológica pode ser útil para entender a sociedade atual e as relações pessoais nesse tempo.

1.1 Cenário do e-business e e-commerce

Empresas e empreendedores, graças às inovações tecnológicas e com o fito de solucionar os desafios da sociedade contemporânea, começaram a desenvolver negócios estabelecidos na internet. O crescimento dessas modalidades de negócios impactou todos os setores de negócios, causando uma revolução tecnológica e social. As grandes corporações que dominam o mercado digital fazem parte do cotidiano de milhares de pessoas, por meio de aplicativos, softwares e dispositivos eletrônicos. Na esteira dessas grandes organizações, vieram outras milhares de pequenas empresas com suas soluções, também buscando participação nesse mercado, que tem se mostrado muito lucrativo. Atualmente, as pessoas se comunicam,

capítulo 1

comercializam produtos e serviços, interagem e se relacionam por meio dos negócios digitais. Nos grandes centros, torna-se quase impossível imaginar a interação diária sem a mediação de aplicativos.

> O termo *e-business* é a abreviação de *electronic business*, que significa "negócio eletrônico". Refere-se ao negócio digital ou com grande base on-line, tecnológica e de inovação. Compreende as transações que acontecem em ambiente digital; logo, qualquer modelo de negócio baseado na internet pode ser considerado um e-business.

Empresas ou modelos de negócio com uma forte base tecnológica e de inovação são considerados **e-business**, ou negócios digitais. A internet foi disruptiva no mundo dos negócios, inaugurando uma nova era, com diferentes possibilidades de atividades comerciais. A perspectiva desse novo mercado fez empresas tradicionais de outros setores migrarem seus processos e seus canais de venda para esse segmento. Sobretudo, essa novidade fez emergir uma miríade de empreendimentos com forte apelo para a inovação e a tecnologia, os quais contribuíram para a conexão entre consumidores e fornecedores.

O conceito de e-business relaciona-se a uma atividade que tem a maioria ou a totalidade de suas transações e seus processos realizados por meios digitais. A utilização passiva dessa prática leva ao aprimoramento contínuo dos processos, o que promove outras inovações, desenvolvendo um ciclo de incentivo ao avanço tecnológico. A consequência dessa revolução de mercado pode ser observado no cotidiano das pessoas. Empresas de tecnologia impactam diretamente a vida da maioria da população mundial. Entre os modelos de negócio mais acessados, estão: redes sociais, buscadores de internet, sites de compras, aplicativos de streaming de vídeos e conteúdos de entretenimento, de mensagens instantâneas e de transporte, além de uma infinidade de softwares, servidores e sistemas operacionais que tornam possível o desenvolvimento e a operação desses recursos.

Dessa forma, são e-business todos os negócios que ocorrem em plataformas e dispositivos digitais relativos a compra e venda de mercadorias, serviços, comunicação, relacionamento, entretenimento e serviços administrativos, estes últimos prestados pelo governo.

> Os maiores expoentes do mercado de negócios digitais são as big techs, grandes corporações ligadas à tecnologia, como Alphabet (do grupo Google, Android, YouTube), Meta (do grupo Facebook, Instagram, WhatsApp), Amazon, Apple (iOS, iPod, iPhone, iPad, Apple TV), entre outras.

Já **e-commerce**, ou comércio eletrônico, é o processo de compra e venda de mercadorias, bens e produtos que acontece pela internet, sendo, portanto, qualquer transação de produtos que ocorra por intermédio de uma ferramenta digital. O comércio eletrônico pode ser caracterizado de várias formas, e a mais popular é a loja virtual. No entanto, há outras plataformas para realizar a comercialização, como redes sociais, social commerce e aplicativos de mensagens.

> O e-commerce compreende as transações comerciais on-line, nas quais todos os processos (interação com o cliente, visualização e escolha dos produtos, cadastro do cliente, pagamento e aprovação do pedido) ocorrem por meio digital (Bertholdo, 2022).

O comércio eletrônico é uma das formas de e-business, mas, por suas especificidades que envolvem logística, meios de pagamentos próprios e processo de vendas diferenciado, o e-commerce tem lugar especial entre os modelos de negócios digitais.

Na prática e na linguagem utilizada no mercado, e-commerce é a comercialização de produtos por meio de canais digitais, e e-business é a transação de serviços on-line.

Vários fatores têm impulsionado a expansão dos modelos de negócios digitais, entre eles: mudanças de comportamento dos consumidores; democratização da internet e do uso de tecnologias, como o smartphone; crescente número de usuários da internet; facilidade, cada vez maior, de utilização dos dispositivos digitais; criação de soluções digitais para diferentes problemas de públicos distintos. Empreendedores de e-business têm se dedicado a apresentar respostas inovadoras a dificuldades em diferentes setores, atraindo mais pessoas e consumidores, ampliando ou criando modelos de negócio. Essas inovações multiplicaram as possibilidades de negócios e, consequentemente, o número de empresários e profissionais do setor.

Empresas tradicionais, consolidadas no mercado, têm se sentido desafiadas pelo avanço da tecnologia e pelas novas formas de se fazer negócios. Assim, o tema da transformação digital vem ganhando a atenção de empresários e gestores, os quais perceberam que tal mudança já não representa uma diferenciação, sendo, em verdade, uma questão de sobrevivência.

A procura por diferenciação é um desejo antigo das empresas tradicionais, que, com as inovações tecnológicas, têm buscado esse atributo associado a negócios digitais. Um exemplo é a abertura de novos canais de comunicação e vendas, que geram novas fontes de receita e novas oportunidades de mercado. Essa atitude busca, além de novos negócios, a proteção de seu mercado, agora ameaçado por plataformas e dispositivos digitais. Com essa enorme e célere inovação, o maior desafio de empresas tradicionais é a adoção de uma cultura digital. Como muitos de seus processos já estão consolidados, projetos de inovação tendem a ser sufocados pela cultura organizacional vigente, que não aceita riscos ou é burocrática e desconfiada para analisar novas ideias, ou ainda é morosa na tomada de decisão e na iniciativa de novos investimentos.

Desvencilhando-se dessa cultura engessada, têm surgido milhares de empresas em todo o mundo com uma mentalidade de inovação, de base tecnológica e cultura digital: são as startups. Essas empresas lançam produtos rapidamente, mesmo que ainda não estejam totalmente prontos (um MVP, sigla que representa o Mínimo Produto Viável – do inglês, Minimum Viable Product), e aprender de forma ágil, corrigindo os erros e testando a reação dos clientes. Essas novas e modernas empresas buscam a solução de desafios com propostas inovadoras, promovendo uma grande revolução no mundo dos negócios, o que leva cada vez mais usuários e empreendedores para o universo da tecnologia.

No Brasil, o cenário para as startups é de intenso crescimento, segundo a Associação Brasileira de Startups (Abstartups). De 2015 até 2019, o número de startups no Brasil saltou de 4.151 para 12.727, um aumento de 207%. A partir de 2020, com a pandemia do coronavírus, esse número aumentou exponencialmente: a pandemia acelerou em 10 anos a inclusão de novos usuários digitais. Só no Brasil, 10 milhões de novos usuários passaram a utilizar as ferramentas de internet, e-commerce e mídias digitais. Novos usuários representam consumidores entrantes e, para satisfazê-los, formam-se empreendedores digitais focados em oferecer soluções com forte predisposição à inovação (Carrilo, 2020).

Grandes corporações como Google, Apple, Amazon e Microsoft também iniciaram como startups. Começaram em garagens e foram evoluindo seus modelos de negócio, sua tecnologia, e aumentando sua base de clientes. Hoje, essas empresas são detentoras das marcas mais valiosas do mundo.

> Os negócios digitais apresentam grande destaque no ranking das marcas mais valiosas do mundo. Das dez primeiras colocadas, sete operam somente por via digital, ou concentram aí suas atividades, e algumas nem sequer têm unidades físicas de atendimento (Reuters, 2021).

Figura 1.1 – Ranking das marcas mais valiosas do mundo, em 2021

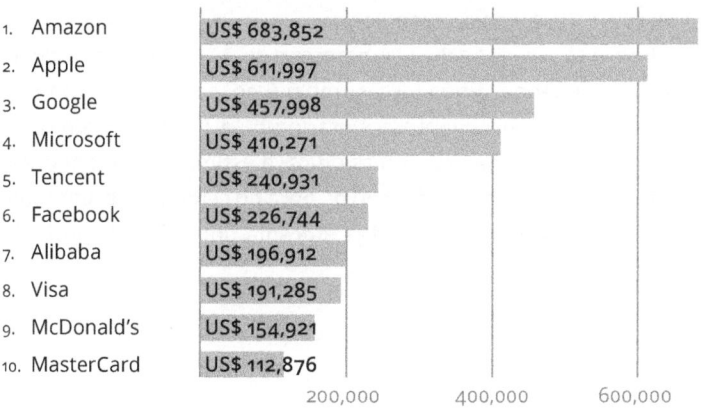

Fonte: Elaborado com base em Reuters, 2021.

Segundo Chakravorti e Chaturvedi (2019), o cenário dos negócios digitais no Brasil ainda é bastante desafiador. Em um ranking que concentra os 42 países mais atrativos para os negócios digitais, o Brasil ocupa apenas a 35ª posição. Os principais fatores que levam a essa baixa avaliação é a falta de incentivo ao empreendedorismo digital, a carência de políticas públicas para o setor, a inexistência de regulamentação e financiamento para o setor, além do baixo incentivo para a inovação e educação. O país, ainda, apresenta baixa proporção de pessoas com acesso à internet de qualidade e preços elevados para dispositivos como smartphones e computadores.

O cenário positivo emana do consumo. O mercado de e-consumidores, usuários que realizam compras pela internet, mostra números otimistas. Segundo pesquisa da Neotrust, o comércio eletrônico brasileiro ganhou 20,2 milhões de novos consumidores ao longo de 2020. O varejo digital concentrou 42,9 milhões de consumidores únicos, um aumento de 36,7% em relação a 2019. Em 2020, o comércio eletrônico no Brasil registrou mais de 301 milhões de pedidos, um acréscimo de quase 70% sobre o ano anterior, gerando um faturamento de mais de 126 bilhões de reais, um aumento de 68,1% em relação a 2019 (Neotrust, 2021).

Outro fator favorável é a chegada da internet de quinta geração, ou 5G, que no Brasil aconteceu em 2022. Essa nova tecnologia assegura mais velocidade de conexão e uma conexão mais estável e de mais qualidade. Essa nova geração de internet pode proporcionar a inclusão digital de uma maior parcela da população ainda sem acesso à rede e a novas tecnologias.

Portanto, o cenário do e-commerce e do e-business no contexto nacional depende, ainda, do estímulo à educação e ao empreendedorismo. O crescimento acelerado do setor tem forjado uma demanda acentuada por profissionais, e estima-se que em breve pode ocorrer um apagão de mão de obra no setor, conhecido como *apagão tecnológico*, pois o país já enfrenta um déficit de profissionais da área.

1.2 Origem do e-business

Desde que o computador foi ligado em rede, os negócios digitais começaram a ser planejados e sua evolução foi simultânea à revolução digital. Muitas vezes, os negócios digitais foram a grande mola propulsora da tecnologia, no que se refere a investimentos e a usuários das redes. A internet e os negócios digitais começaram a se popularizar em meados da década de 1990; naquele tempo, a velocidade e as conexões eram lentas e poucas pessoas tinham acesso à tecnologia. A partir de 1993, graças ao navegador Mosaic, a acessibilidade começou a melhorar e, em 1997, existiam cerca de 200 mil sites em todo o mundo. A grande maioria desses sites era de instituições governamentais, pesquisa e ensino e de empresas dos Estados Unidos, mas a internet rapidamente se espalhou e conquistou adeptos na Europa e no resto do mundo (Conheça..., 2020).

A evolução dos processos e dos protocolos de internet proporcionou o acesso às redes de instituições privadas, comerciais, educacionais e às redes individuais, tornando a internet parte da sociedade.

O acesso à comunicação e às informações e a facilidade de interação entre pessoas e entre empresas e dispositivos conquistaram o público. A internet mudou a forma como as pessoas se comunicam, se relacionam e consomem, em uma revolução sem precedentes na história da humanidade.

> A televisão, outra inovação revolucionária, demorou 22 anos para atingir a marca de 50 milhões de usuários, e os computadores atingiram esse público com 14 anos de existência. Hoje, aplicativos lançados na internet alcançam 50 milhões de usuários em poucos dias, ou, até mesmo, em poucas horas (Desjardins, 2018).

No início dos anos 2000, a combinação de inovações tecnológicas – como games, redes sociais, e-mail, facilidade de acesso a informações – e o e-commerce foi a grande incentivadora do crescimento do número de usuários da internet. Nessa época, teve início o que chamamos de *transformação digital*; as pessoas começaram a se acostumar com a imaterialidade das coisas. Isso levou a uma supervalorização das empresas de tecnologia, com a formação de bolhas especulativas de investimentos, o que culminou com a crise dessas empresas de tecnologia, as ditas *dot-com*. Expresso de outro modo, o grande entusiasmo pelas novas tecnologias resultou em colapso financeiro no setor, no fechamento e na falência de um número considerável de empresas de tecnologia, que não se mostraram viáveis sem os sucessivos aportes de capitais dos investidores (Varian; Farrell; Shapiro, 2004).

Mesmo com o colapso das empresas de tecnologia estadunidenses, os negócios digitais e o e-commerce continuavam a prosperar, envolvendo menores custos e mais possibilidades de escala que as transações tradicionais. Ainda no início da década de 2000, o mercado começou a se expandir para além das fronteiras dos Estados Unidos e da Europa; empresas como Cadê, Yahoo, Altavista e Google começaram a oferecer ferramentas de busca com acesso a lojas virtuais e outros negócios digitais.

Os anos seguintes foram de expansão, proporcionada principalmente pelo aumento do número de usuários na rede. Assim, o volume de vendas do comércio eletrônico nos Estados Unidos aumentou de 72 bilhões de dólares em 2002 para 289 bilhões em 2012, um crescimento espantoso, acima de 300% em 10 anos (Annual..., 2015). No mundo todo, o aumento dos negócios digitais vem acontecendo paralelamente ao crescimento de usuários da internet e ao aumento de funcionalidades e recursos que os dispositivos digitais têm propiciado aos usuários.

No Brasil, as primeiras lojas virtuais surgiram em meados da década de 1990. A primeira delas foi a livraria virtual Booknet, do economista Jack London, vendida em 1999 para o grupo Submarino, que nos anos 2000 se notabilizou por ser uma das maiores lojas virtuais do país. Com a ascensão das redes sociais nos anos 2000 e o crescimento acelerado das buscas no Google, as lojas virtuais e os negócios digitais consagraram-se como uma alternativa de investimento e empreendedorismo para milhares de pessoas no Brasil.

Desse modo, os negócios digitais passaram a integrar a sociedade, seja para o consumo de informações, substituindo os tradicionais jornais e revistas, seja na forma de comércio, com o advento do e-commerce, ou em outras transformações, como no marketing, nos transportes, no tratamento e no diagnóstico na área de saúde, na forma de estudar e de se comunicar, promovendo uma revolução digital na sociedade.

1.3 O profissional de e-commerce e e-business

As mudanças introduzidas pela tecnologia no mercado de trabalho vêm sendo estudadas há vários anos. Castells já debatia o tema em sua obra *A sociedade em rede: a era da informação: economia, sociedade e cultura*, de 1990. No livro, o autor aponta uma nova estrutura social decorrente dos avanços tecnológicos. Para ele, o aumento da produtividade e o crescimento econômico do mercado só foram possíveis graças às inovações da ciência e da tecnologia. Como consequência, a sociedade foi impactada pela inovação e as transformações tecnológicas. Logo, a sociedade contemporânea é um efeito das inovações tecnológicas, e essas mudanças afetam o mundo do trabalho (Castells, 1990).

Até mesmo a noção de trabalho para os profissionais de tecnologia é uma quebra de paradigma por si. No setor, muitos trabalham remotamente para empresas de países diferentes daquele onde vivem, com formação ou instrução também realizada a distância, rompendo com os modelos tradicionais de contratação e legislação trabalhista. Para as empresas, esse modelo é vantajoso, visto que reduz os custos fixos com grandes escritórios e viabiliza a contratação de mão de obra qualificada oriunda de diversos lugares, inclusive de países em desenvolvimento. Para os profissionais também é interessante, pois se ampliam as possibilidades de contratação, antes restritas aos maiores centros urbanos; com o trabalho remoto, as oportunidades ficam disponíveis a todos, independentemente de sua localização. Essa alocação de trabalhadores diminui o problema, mas não resolve a escassez de profissionais do setor, provocada pelo rápido avanço dos negócios digitais.

> No Brasil, o quadro é desafiador. De acordo com Grossmann (2019), até 2024 o país precisará de 420 mil novos profissionais no setor de tecnologia. Esse déficit é consequência da falta de investimento em educação e do estímulo ao setor de tecnologia, que atualmente forma cerca de 46 mil profissionais por ano.

Apesar das dificuldades, o setor de e-business e e-commerce vem crescendo no território nacional. A ampliação do mercado tem se processado principalmente pela democratização, pelo maior acesso de usuários às plataformas digitais, e pela evolução das ferramentas, que são cada vez mais simples de se usar. Novos usuários representam novos consumidores e novas possibilidades de negócios, criando oportunidades para empreendedores, demandando mais investimentos e ampliando a oferta de empregos e busca de profissionais para o setor.

Os profissionais de e-commerce e e-business caracteristicamente:

- têm paixão pela inovação e tecnologia;
- são adeptos de uma cultura digital;
- demonstram rápida adaptação às mudanças;
- são usuários ativos da internet e das mídias digitais.

O mercado digital demanda mão de obra para programação (ou desenvolvimento) web, marketing, design, tecnologia, sistemas de informação e análise de dados. Nos negócios digitais e nas startups, outras atividades profissionais contribuem para o bom andamento do negócio, como gerentes, coordenadores, profissionais de recursos humanos, vendas, finanças e contabilidade.

No comércio eletrônico, as atividades mais buscadas são: gerentes de e-commerce, gestores de tráfego, marketing, design, logística, atendimento e suporte ao cliente, profissionais de vendas e controladores de estoque. Os negócios digitais e o e-commerce ainda são setores recentes e de rápida transformação, e não há uma tradição acadêmica de formar esses profissionais. Várias universidades têm se esforçado para construir cursos e formar melhores profissionais, mas, como se trata de um mercado dinâmico e em franca evolução, muito da melhora do desempenho do profissional é fruto de esforço próprio. É comum que empresas invistam na capacitação de profissionais, seja pela formação acadêmica, seja pela adaptação das rotinas e dos processos na empresa, para tornar mais adequados o aprendizado e a aplicação do conhecimento conforme as necessidades do negócio.

Para a direção de seus profissionais, empresas tradicionais e startups têm algo bem-definido em comum, a figura da liderança. As habilidades dos gestores refletem nos resultados. Muito dos investimentos que uma startup recebe são baseados nas qualidades do fundador e do gestor dessa nova empresa.

> Compete ao gestor traçar as metas e definir os melhores caminhos para que a organização exerça sua atividade de forma adequada em busca de seus objetivos.

O empreendedor de negócios digitais, muitas vezes, tem um desafio maior: gerir as equipes de trabalho, em geral multidisciplinares, de forma remota, possibilitando a integração de todo o fluxo e do processo produtivo. Essa estrutura está inscrita em um setor que convive com incertezas e está em constante transformação, exigindo muita resiliência dos profissionais.

Mesmo com todas essas dificuldades, milhares de empreendedores têm investido seu tempo e seu dinheiro no desenvolvimento de negócios digitais por meio do modelo de startup, o qual admite um investimento inicial baixo. Alguns conseguem iniciar apenas com uma ideia ou o diagnóstico de um problema que precisa ser resolvido, apresentam uma solução inovadora e partem em busca de investimento ou de provar seu modelo de negócio. Outros já desenvolvem suas startups com investimentos e modelo de negócios bem-definidos.

As startups têm crescido em quantidade e se diversificado em modelos de negócio no que se refere ao segmento de atuação. Com isso, podem ser classificadas de acordo com sua área de atividade. A segmentação das empresas digitais tem exigido dos profissionais novas habilidades e competências para tratar da inovação e da conectividade. É muito difícil imaginar um setor que não tenha sido impactado pela revolução digital. Um negócio digital, ou uma startup, pode estar inserido em diversos segmentos de mercado (Cozer, 2019).

Essa classificação oferece oportunidades para diversas formações profissionais, pois estabelece modelos de negócios digitais em segmentos tradicionais de atuação. Alguns exemplos dessa divisão são apresentados na imagem a seguir.

Figura 1.2 – Nomenclatura das startups segundo seu modelo de negócio

Fintech: empresa que apresenta soluções financeiras.

Legaltech: empresa de direito que oferece soluções tributárias ou legais.

Healthtech: empresa de saúde e qualidade de vida.

HRtech: empresa de recursos humanos e recrutamento.

Edtech: empresa de educação e aprendizagem

Agrotech: empresa do agronegócio e de tecnologia agrícola.

NixUmbra, FishDesigns e VoodooDot/Shutterstock

Toda essa segmentação e um mercado pujante por inovação têm aberto portas para os profissionais nas mais diversas áreas, para exercer suas atividades de negócios digitais, independentemente de sua formação acadêmica. O crescimento desse modelo de negócio tem despertado o interesse de grandes empresas, que procuram se integrar a esse mercado buscando a velocidade de inovação e execução das startups.

O avanço tecnológico revolucionou a economia, estimulando a criação de profissões e de formas de ganhar dinheiro com o uso da internet. Ao tratarmos de profissões no e-commerce e no e-business, temos de fazer uma projeção das demandas futuras do segmento. Em um setor em constante inovação, é um erro pensar que profissões com muita demanda no momento serão as mais requisitadas no futuro. Em razão da constante evolução da tecnologia, uma profissão hoje em alta rapidamente pode se tornar obsoleta, como ocorreu com inúmeras profissões no passado recente. Em um futuro que nos reserva interações com inteligências artificiais, robótica, máquinas e automóveis autônomos, imaginar o contexto do trabalho é um exercício complexo. De qualquer modo, entendemos que uma provocação precisa ser feita: quais habilidades o ser humano terá de demonstrar para se relacionar com dispositivos inteligentes e capazes de tomar decisões e em qual contexto o profissional terá de interagir com a tecnologia?

1.4 Modelos de negócio e tipos de monetização

Antes de esmiuçarmos o mundo das startups, temos de descrever os modelos de negócio e as formas de monetizar um negócio digital. Escolher o melhor modelo para gerar receita é fundamental para o êxito de um e-business.

Um **modelo de negócio** é a maneira como a empresa organiza seus processos e gera receita para garantir sua viabilidade (Bolina,

2016). Muitos negócios digitais somente alcançaram sucesso graças ao aperfeiçoamento ou ao desenvolvimento de um modelo de negócio disruptivo, que se tornou viável pela tecnologia. Todo gestor ou profissional de e-business precisa estar atento às mudanças nos modelos de negócio, para selecionar com cuidado o que melhor se adéqua a seu modelo de gestão (Patel, 2023a).

Um e-business goza da vantagem de desenvolver e adaptar diferentes modelagens do negócio. Isso pode ser efetuado a partir da perspectiva da monetização, ou seja, sob o ponto de vista de como a empresa gerará renda. A **rentabilidade** da empresa pode advir da venda de produtos, de publicidade, de comissionamento de vendas, de assinatura recorrente, da venda de serviços, novas funcionalidades ou recursos, além de diversas combinações dessas possibilidades, ou de outros formatos à disposição, que maximizam o resultado financeiro do negócio. Essa flexibilidade de modelagem, aliada à criatividade e à inovação, tem feito emergir vários modelos de negócio, e alguns têm abalado determinados segmentos por serem disruptivos.

> O conceito de modelo de negócio é bastante amplo. De forma geral, pode ser indicado pela segmentação do público-alvo, pelo modelo de receita, pelas estratégias comerciais, pelas formas de comercialização e entrega ou, ainda, pela combinação desses fatores.

Kotler (2000) explica que uma empresa pode segmentar seu público por critérios como: geografia, demografia, psicografia e comportamento. A adoção de um critério de classificação tem vantagens, como a facilidade de comunicação com o público-alvo segmentado, a melhor gestão dos recursos de marketing e publicidade, a maior aderência de produtos e o atendimento a determinado nicho escolhido (Kotler, 2000).

Grande parte dos modelos de negócios digitais tem seu público segmentado. No comércio eletrônico, é comum identificar lojas que praticam uma segmentação de produtos para atender a um **nicho específico**. Há lojas de calçados femininos que vendem somente produtos com tamanhos grandes, lojas para bebês nascidos prematuramente, produtos para homens que gostam de motociclismo etc. Essa estratégia tem se mostrado exitosa, principalmente para pequenos comerciantes, pois assim se consegue realizar um atendimento personalizado a um público específico, o que promove a fidelidade do cliente, um melhor resultado dos esforços de marketing e uma boa rentabilidade final.

Outra possibilidade é a **segmentação geográfica**, na qual produtos são vendidos apenas para regiões específicas. Essa segmentação pode ser por estado, cidade, bairros próximos, entre outras, para facilitar o atendimento e a logística.

A formatação de um modelo de negócio pelo público que se pretende atender, ou segmento específico, precisa estar alinhada à estratégia da empresa. Todos os objetivos devem convergir para esse público selecionado. Dessa forma, o mix de produtos, a forma de venda e pagamento, a logística e o atendimento precisam estar direcionados para o modelo de negócio.

Nos modelos de segmentação utilizados por e-bussines e e-commerce, os critérios de classificação mais empregados são:

- **B2C** (Business to Consumer): a comercialização é realizada diretamente para o cliente final, como as vendas realizadas por marketplaces e e-commerce diretamente para o consumidor final.
- **B2B** (Business to Business): aplicado para vendas corporativas, entre empresas de todos os portes. Essa segmentação é adotada por empresas que comercializam seus produtos exclusivamente para pessoa jurídica, como atacadistas, distribuidores de produtos e fabricantes de máquinas e equipamentos. Existem muitas lojas virtuais com estrutura de logística e de processos voltada ao atendimento exclusivo de clientes corporativos.
- **B2G** (Business to Government): aplicado a transações com instituições públicas. Os órgãos governamentais, federais, estaduais e municipais têm realizado suas compras por pregão eletrônico on-line, e muitas empresas estão se especializando nessa modalidade de negócios.

- **C2C** (Customer to Customer), também conhecida como **P2P** (Peer to Peer): pessoas físicas vendem produtos diretamente para outros consumidores. Nesse modelo, as plataformas ou os grandes portais integram compradores e vendedores, a exemplo do que fazem marketplaces como Mercado Livre e OLX e plataformas de redes sociais como o Facebook.

- **M2M** (Machine to Machine): modelo relativamente novo, que tem demonstrado ser importante tendência no e-business. Nesse processo, a relação comercial é totalmente automatizada e a troca de informações é feita entre dispositivos via internet; por exemplo, uma máquina de café ou um equipamento industrial que solicita a uma empresa de vendas seus insumos ou suas peças para manutenção. Esse modelo encontra grande apoio em dispositivos da internet das coisas, de inteligência artificial e de machine learning, tendências de mercado para os negócios digitais.

Outra forma de se formatar uma empresa digital é pelo viés da **monetização**, ou seja, o meio pela qual ela gera receita e cria valor. A receita não necessariamente provém do usuário; parte considerável dela é derivada de anúncios nas plataformas, como as redes sociais, os buscadores de internet, as plataformas de vídeo e os portais de conteúdo na internet, a exemplo dos sites de notícias. Nesse modelo, o usuário final tem acesso ao conteúdo da plataforma, mas a rentabilidade da empresa se dá pelos anúncios publicitários.

A forma mais tradicional de monetização e um dos primeiros modelos de negócio da internet é o e-commerce, que gera receita mediante a **comercialização de produtos**. Esse processo é o mais utilizado e já está bastante consolidado, com o recebimento da transação comercial por meios de pagamentos digitais; após a confirmação do pagamento, é expedida a mercadoria. Mesmo com a larga utilização desse modelo, sua escalabilidade é complexa, devido aos constantes investimentos em estoques e logística; as operações de grande expansão alteram seu modelo de negócio. Muitas lojas virtuais, depois de aumentar seus volumes de vendas, para ganhar escala, alteram seu modelo de negócio e se tornam marketplace.

Marketplaces são modelos de negócio de grande sucesso nas corporações digitais. As maiores empresas do comércio eletrônico atuam nesse modelo. As plataformas de marketplaces são desenvolvidas para permitir que outras empresas disponibilizem seus produtos e serviços. As empresas proprietárias do marketplace monetizam com a cobrança de uma comissão sobre as vendas.

Em uma plataforma desse tipo, a proprietária do marketplace fica responsável pela divulgação, pela venda, pela cobrança do cliente e pelas verificações de fraude e segurança. A prestação do serviço, ou a entrega do produto, é feita por um terceiro, no caso a empresa que está disponibilizado produtos ou serviços para a venda na plataforma. Para que o sistema funcione adequadamente, é necessário haver uma boa quantidade de usuários nas duas pontas do processo, isto é, consumidores e vendedores.

> As **plataformas de marketplace** conectam oferta e demanda em troca de uma comissão de vendas e podem ser utilizadas para a venda de produtos e serviços.

As plataformas de marketplace de serviços são utilizadas diariamente por milhões de consumidores, por exemplo, para pedir um veículo de transporte via aplicativo, solicitar uma refeição via delivery ou agendar a entrega ou coleta de um objeto. No mercado digital, existem marketplaces que oferecem as mais variadas opções, como busca por prestadores de serviços, entrega de pequenas e grandes encomendas, serviços imobiliários, bancários, contábeis etc.

Os maiores players do mercado mundial de venda de produtos são marketplaces. Devido ao alto investimento e ao volume de vendas, nessas plataformas o consumidor encontra todo tipo de produto, mas existem modelos que se especializaram em determinada segmentação, como decoração, artesanato, construção, confecções, venda de produtos usados (peer to peer), materiais esportivos, entre outros.

A vantagem desse modelo é ser bastante escalável, uma vez que a proprietária da plataforma não executa o serviço ou a entrega do produto, que fica sob a responsabilidade do fornecedor cadastrado, cabendo ao marketplace fazer uma qualificação inicial e um controle de qualidade dos serviços prestados e produtos vendidos.

> Empresas que operam como marketplace monetizam seus negócios pela cobrança de uma comissão de vendas. Alguns marketplaces também cobram pela publicidade ou uma taxa mensal dos vendedores.

Já no modelo **por assinatura**, também chamado de *assinatura recorrente*, a empresa garante a entrega constante de um serviço em troca de um pagamento mensal (ou outra periodicidade acordada). Esse modelo é muito amplo e sempre foi relacionado à prestação de serviços, principalmente na área educacional e nas academias. Negócios digitais, com o avanço da tecnologia, incorporaram essa modalidade de cobrança como forma de garantir receitas recorrentes para seus negócios.

A forma de monetização recorrente permite à empresa suportar melhor eventuais sazonalidades de seu setor, tendo melhor previsibilidade de receita. Outras vantagens são a maior proximidade na relação com o cliente e a alternativa de agregar mais serviços para uma mesma base de consumidores. Muitas plataformas digitais têm suas receitas de pagamentos recorrentes, como provedores de e-mail e serviços de armazenagem de dados.

Nesse âmbito, a venda de conteúdo de vídeo e áudio via streaming foi redefinidora. As empresas desse segmento reconfiguraram o setor ao oferecer a entrega constante de filmes, vídeos ou séries em troca de um valor fixo mensal. O sucesso foi tanto que atualmente todas as empresas que atuam nesse mercado de conteúdo por streaming adotam o modelo de assinatura recorrente.

O comércio eletrônico também tem se utilizado dessa estratégia para vender produtos e fidelizar clientes. Os clubes de assinaturas entregam produtos físicos aos clientes mensalmente em troca de um valor fixo recorrente. Esse formato tem se tornado bastante comum e constitui uma ótima oportunidade para lojas virtuais assegurarem uma receita constante. Além disso, têm surgido empresas que disponibilizam planos de assinatura de produtos de uso contínuo, como materiais de escritório, artigos de supermercado, suprimentos diversos, açougue e produtos orgânicos.

A receita de vendas no mercado digital também pode acontecer pelo sistema conhecido como SaaS (Software as a Service), que quer dizer "software como um serviço". Nesse formato, a receita provém da venda da licença para uso e pela entrega constante de serviços relacionados, como hospedagem, atualização e manutenção do sistema, implementação de novos recursos, treinamentos e backups. Empresas com base tecnológica, como softwares houses, startups e desenvolvedores de sistemas, se utilizam desse modelo porque garante uma receita recorrente em sua base de clientes, com uma relação de longo prazo. Outros modelos com a mesma lógica de implementação são o PaaS (plataforma como um serviço) e IaaS (infraestrutura como um serviço).

Os games, ou jogos eletrônicos, desenvolveram para os negócios digitais uma nova forma de monetização, comumente chamada de *freemium*. Nesse sistema, os usuários compram recursos adicionais para um melhor desempenho no jogo, como personagens especiais ou upgrades. Desse modo, alguns recursos são disponibilizados gratuitamente, e o jogador, para ter acesso a mais aplicações ou funcionalidades, precisa pagar pelo serviço. A comercialização por esse modelo se mostrou um sucesso de vendas e passou a ser utilizada por outros modelos de negócios digitais, como cursos, softwares e venda de espaço para armazenamento de dados.

Em negócios digitais, é onipresente a possibilidade de gerar receita por meio da venda de conteúdo publicitário. Na internet, a comercialização de publicidade tem suas especificidades, e as empresas podem comprar ou vender conteúdo por cliques (CPC, ou custo por clique), por visualizações (CPM, ou custo por mil visualizações), por aquisição (CPA, ou custo por aquisição) ou por contratos mensais de publicidade. Os profissionais de negócios digitais precisam entender as diferenças entre eles, conforme detalhado no quadro a seguir.

Quadro 1.1 – Modos de comercialização de publicidade na internet

Modo	Descrição
CPC	A publicidade é cobrada do anunciante de acordo com o número de cliques efetuados na publicação. É muito utilizado porque facilita o controle de custos e dos resultados do anúncio.
CPM	Cobra um valor para cada mil visualizações do anúncio. Essa forma de publicidade é sugerida para empresas que desejam apresentar suas marcas e produtos para públicos segmentados. No caso da monetização, é indicado para sites que tenham muitos usuários, como portais de notícias.
CPA	O anunciante paga a publicidade quando conquistar seu objetivo com o anúncio, que pode ser uma venda, um contato comercial ou o download de algum material. No que se refere à monetização, muitos produtores de conteúdo trabalham com essa modalidade de anúncio; é um modelo semelhante a programas de afiliados, em que só se recebe o valor se o anunciante realizar seu objetivo.

Algumas das maiores plataformas de e-business têm sua receita financeira oriunda da veiculação de publicidade ou venda de anúncios: redes sociais, buscadores, portais de notícias ou vídeos, agregadores de podcasts, aplicativos de geolocalização, entre outros serviços. O fato é que, quando um site, blog, portal, canal do YouTube ou plataforma atinge uma grande audiência, é possível comercializar conteúdos publicitários. Na internet, diversas empresas fazem a intermediação entre anunciantes e plataformas, e uma das mais utilizadas é o Google AdSense, que transaciona anúncios publicitários em sites e vídeos. A plataforma paga aos proprietários de blogs ou sites para expor mídias contratadas por anunciantes; esse sistema faz a mediação entre os envolvidos. Nesse caso, o controlador de um site ou canal na internet se cadastra na plataforma e autoriza a exibição da publicidade de anunciantes. Todas as vezes que uma pessoa visualiza ou clica no link do anúncio, o Google cobra um valor do anunciante e repassa uma porcentagem ao site.

Um modelo de negócios baseado na forma de rentabilidade ou monetização pode também combinar os modelos apresentados com o objetivo de gerar mais receitas. Algumas plataformas de marketplace, por exemplo, além de sua receita de comissão de vendas, têm receita da venda de publicidade. Redes sociais também monetizam além do anúncio oferecendo acessos a recursos exclusivos, como forma de aumentar suas receitas.

Está claro, definir o melhor modelo de aquisição de receita é fundamental para a sobrevivência de um negócio digital e é o elemento principal de viabilidade. Convém ao profissional ou empreendedor digital compreender todas as possibilidades de geração de receita e escolher a mais adequada a seu negócio.

1.5 Características do e-commerce e e-business

Negócios digitais e inovadores têm se caracterizado como plataformas, dispositivos ou sistemas on-line, com uma forte base de sistemas de informação e tecnologia que sustentam os processos de negócio. São empresas que utilizam a inovação e a tecnologia para desenvolver e transacionar produtos e serviços.

Um negócio digital se caracteriza principalmente por estar inserido em uma cultura digital, que é um conjunto de práticas para integrar os universos on-line e off-line. Dessa forma, muitos processos do mundo virtual e da internet são incorporados à cultura da organização. Esses processos são naturalizados, e os indivíduos passam a interagir com esses recursos.

> Não se deve confundir a utilização da tecnologia por uma empresa com a adoção de uma cultura digital; afinal, existem organizações que, apesar de alto investimento em tecnologia, mantêm comportamentos e hábitos tradicionais.

Esse conflito de culturas se manifesta no mercado de softwares, quando um sistema encontra resistência em determinada empresa por conta da obstrução à mudança.

A mudança da mentalidade para uma cultura digital e de inovação é determinante para a transformação digital que as empresas têm buscado em seus processos. Essa transição de modelos implica decisões estratégicas, forma de execução das tarefas e interação com as ferramentas digitais. Muitas empresas tradicionais encontram dificuldade para concorrer com a velocidade das empresas digitais e buscam adequar seus processos para conquistar mais agilidade, característica das startups.

Um e-business, caracteristicamente, obtém vantagem competitiva com a utilização de processos inovadores e da tecnologia, que desencadeia redução de despesas gerais, promoção de valor e boa experiência a sua base de clientes, e escala no fornecimento de sua solução. Muitos podem ser os modelos e as características de um negócio digital, e cada um deles tem processos próprios, formas de monetização, de atendimento, interface com o usuário, recursos e ferramentas particulares. São tantos e tão variados os modelos de negócios digitais que qualquer esforço que façamos para classificá-los pode ser em vão. No entanto, para ilustrar, citaremos, no quadro que segue, alguns dos principais e sua forma de monetização.

Quadro 1.2 – Modelos de negócios digitais

Modelo	Descrição	Exemplos
E-commerce, ou comércio eletrônico	A receita provém da comercialização de produtos. Caracterizado por lojas virtuais ou vendas de produtos por meio da internet, por mídias digitais.	Netshoes
Rede social	Plataforma de interação e relacionamento entre usuários com interesses ou valores comuns. Não confundir com mídia digital, já que as redes sociais são uma forma de mídia digital. A principal fonte de renda são os anúncios publicitários.	Facebook, TikTok, Instagram, LinkedIn

(continua)

(Quadro 1.2 – conclusão)

Modelo	Descrição	Exemplos
Buscador, ou site de busca	Sistema com a função de pesquisar outros sites, mídias ou arquivos na internet. A principal fonte de receita são os anúncios publicitários mostrados nas buscas.	Google, Baidu, Bing
Plataforma de streaming	Oferece conteúdo (vídeos, músicas e podcasts) aos usuários em troca de uma assinatura recorrente.	Netflix, Spotify, Globo Play, Disney +
Marketplace ou aplicativo de economia compartilhada	Sua principal fonte de renda é a comissão pela venda de produtos ou serviços.	Amazon, Uber, Airbnb, Mercado Livre, Casas Bahia, Ifood, Rappi, 99
Aplicativo de comunicação	Sua principal receita advém da publicidade.	Telegram, WeChat, WhatsApp, Messenger
Empresa de desenvolvimento de softwares ou software house	A receita decorre do aluguel ou da venda de sistemas (ERP, CRM, BI).	SAP, Totvs, Microsoft
Plataforma de e-commerce	Oferece sistema, recursos e aplicações para lojas virtuais. Sua monetização pode acontecer pelo aluguel ou SaaS de plataformas para lojas virtuais.	Vtex, Tray, Jetcommerce
Game	Empresas que desenvolvem jogos e que geram receita por meio de anúncios, vendas de jogos, atualização de recursos na plataforma ou no modelo freemium.	Sony, Tencent, Nitendo

Muitos outros modelos de negócios digitais têm surgido com a pujança e a inovação das startups e o investimento de empresas tradicionais no mercado digital. A tecnologia está em constante mudança, e um negócio digital deve acompanhar essas transformações para se manter competitivo no mercado. Vale assinalar que existem formatos combinados ou híbridos de monetização ou modelos de negócio.

Um negócio digital não está preso a fronteiras ou a uma região específica de atuação. Assim, é possível atender a um número maior de pessoas com praticidade e agilidade. É, portanto, muito mais fácil escalar um modelo de negócios digitais do que uma empresa física, pois a expansão e a mudança de planos se tornam mais rápidas. Isso multiplica as oportunidades, já que empreendedores podem rapidamente vender e internacionalizar suas marcas e seus produtos. Outra possibilidade comum no mercado digital, principalmente de startups, é o investimento de capital por terceiros que acreditam na ideia e intencionam ser sócios ou parceiros. Estes fazem aportes de capital e obtêm sua lucratividade pela expansão da startup ou pela venda das cotas adquiridas quando da valorização da empresa.

1.5.1 E-tailing

Associado à ideia de varejo eletrônico ou varejo digital, o e-tailing é um conceito aplicado às lojas do varejo que vendem seus produtos diretamente ao consumidor final (B2C). São varejistas on-line que aplicam todos os recursos para que o cliente realize suas compras e faça os pagamentos totalmente por meios digitais.

> O e-tailing é uma subdivisão do e-commerce. Muitas vezes, o termo é confundido ou utilizado como sinônimo de comércio eletrônico (Ricardo, 2021).

No início, quando os primeiros varejistas digitais conquistaram o mercado, muitos lojistas consideravam o fechamento de suas lojas físicas e até o fim do comércio tradicional, com dedicação e vendas exclusivas pelos canais digitais.

1.5.2 Soluções mobile

A evolução sobre a qual vimos discorrendo se deu sobretudo pelas soluções de mobilidade e pela praticidade e versatilidade de dispositivos móveis, uma revolução causada especialmente pelos smartphones. A tecnologia mobile teve fortes impactos no comportamento da sociedade, e muitos negócios digitais só são possíveis graças à conexão entre pessoas via dispositivos móveis. Com a chegada da tecnologia 5G e as novas tecnologias que poderão dela derivar, novas oportunidades e empresas promoverão novas transformações.

As pessoas utilizam dispositivos móveis para conversar, consultar o melhor caminho na hora de dirigir, usar um meio de transporte, pedir comida, se relacionar, buscar informações e fazer compras. Tudo isso na palma da mão e com poucos toques, muito rápido e seguro.

Segundo a Pesquisa Nacional por Amostra de Domicílios Contínua – Tecnologia da Informação e Comunicação (PNAD Contínua TIC) realizada pelo Instituto Brasileiro de Geografia e Estatística (IBGE), em 2020, o percentual de pessoas que acessam a internet pelo celular era de 98,1%. Um número bem expressivo, principalmente se comparado aos 50,7% do uso de computadores. O celular é o principal meio de acesso à internet da população brasileira (IBGE, 2022).

A tecnologia mobile avançou rapidamente, muito em virtude de sua praticidade e facilidade de acesso aos dados. A democratização no uso de dispositivos como tablets e smartphones foi viabilizada pela redução do custo de tecnologias, o que tornou tais aparelhos mais acessíveis economicamente. A evolução das baterias também é um fator que conferiu uma autonomia maior dos dispositivos.

Os dispositivos móveis são uma grande oportunidade de venda de produtos para o comércio eletrônico. A expectativa é que, até 2024, a maioria das compras on-line seja efetuada por dispositivos móveis (Di Giorgi, 2020). As fintechs, as carteiras digitas, novas modalidades de pagamento como o Pix têm permitido usar os celulares como meio de pagamento e, assim, substituir as carteiras para carregar dinheiro, possibilitando o pagamento mediante tecnologias de aproximação como a NFC (Near Field Communication, ou *comunicação por campo de proximidade*).

Com a implantação de uma internet mais rápida com a tecnologia 5G, espera-se uma nova transformação, com uma nova geração de aplicativos e soluções, deixando a sociedade ainda mais conectada, dessa vez não somente com pessoas, mas também com objetos.

1.5.3 Streaming

Outra revolução tecnológica foi o desenvolvimento e a popularização dos serviços de streaming, que já citamos. As plataformas e os serviços de streaming possibilitaram o acesso a conteúdos sem a necessidade de fazer download. Esse processo foi viabilizado pelo aumento da velocidade de conexão de internet, que permite o acesso ao conteúdo em tempo real, sem esperar o carregamento da mídia.

> As plataformas de streaming disponibilizam conteúdos em diferentes dispositivos, como notebooks, smartphones, tablets, SmartTvs e computadores. Algumas permitem fazer download dos conteúdos para acessá-los em modo off-line (Silva, 2022).

O streaming também é importante porque tornou popular uma nova forma de comunicação e entretenimento em redes sociais: as lives ou transmissões ao vivo. Essas transmissões ganharam muita popularidade principalmente ao longo dos anos 2020 e 2021, com a pandemia do coronavírus e as ações para manter o distanciamento social. As lives, nesse contexto, democratizaram a informação e permitiram a qualquer usuário de rede social realizar uma transmissão ao vivo. Desse modo, empresas, influenciadores digitais, professores e artistas divulgaram seus conteúdos de maneira rápida, sem custos e com boa qualidade. Antes do streaming, só era possível realizar uma transmissão ao vivo com equipamentos especiais via satélite, geralmente operados por emissoras de televisão (Kovacs, 2020).

O advento do streaming e a facilidade de utilização de redes sociais, YouTube, Netflix e Spotify têm tornado esses serviços tão populares quanto a televisão e o rádio (Silva, 2022). Algumas transmissões ao vivo ou podcasts chegaram a atingir milhões de usuários simultaneamente, democratizando o acesso à informação e a produção de conteúdo. O modelo de monetização desses serviços é por assinaturas, pela receita com publicidade, ou com a combinação desses fatores.

Algumas plataformas de streaming adotam o sistema de monetização pelo serviço on-demand (sob demanda). Nesse modelo, não existe uma programação fixa. O usuário paga para acessar um conteúdo, e o streaming disponibiliza o serviço para o usuário como se fosse uma espécie de catálogo on-line, cobrando pelo título do conteúdo contratado.

> O maior caso de sucesso e uma das precursoras do streaming, a Netflix, causou uma disruptura no setor de entretenimento quando foi lançada, até então baseado em videolocadoras. A empresa foi a primeira a oferecer o serviço de streaming de vídeo, em 2007, e permitia aos associados assistirem instantaneamente programas de televisão e filmes. Em 2016, a Netflix estava disponível em todo o mundo, levando seu serviço de entretenimento global para 190 países. Hoje, é o maior provedor de mídia de transmissão no mundo e conta com 200 milhões de assinantes (Netflix, 2022).

O caso da Netflix, além de ser exemplo de modelo de inovação, comprova que a disrupção é precedida por uma cultura digital de transformação. Grandes estúdios de produção cinematográfica tinham todas as ferramentas para ser precursores no segmento de streaming, mas não acreditaram e não investiram. Coube a uma nova empresa percorrer esse caminho. Atualmente, outras empresas atuam nessa modalidade de conteúdo de vídeo por streaming, como: Amazon Prime, Disney+, YouTube, Globo Play, entre outras.

> Como já citamos, o streaming ganhou popularidade pelos serviços de vídeo. Entretanto, não se limita a esse tipo de conteúdo. É possível encontrar livros, revistas, músicas e cursos para acesso também off-line.

Assim como as plataformas de streaming de vídeo revolucionaram a produção de filmes, as plataformas de streaming de áudio transformaram a indústria da música. Esse mercado, que já passou pelo disco de vinil, pelas fitas cassete, pelo CD e pelo MP3, hoje tem sua principal fonte de renda com o streaming, o que impactou a produção e a divulgação das músicas.

O primeiro serviço de streaming de música foi lançado em 2008, o Spotify, um serviço inédito que tinha como objetivo proporcionar acesso mais fácil, barato e legal a músicas. Anos depois desse registro, é considerado uma revolução na forma como as pessoas consomem música e um modelo que reinventou a indústria da música (Minosso, 2020).

> As principais empresas que operam com streaming de música são Spotify, Deezer, Amazon Music e YouTube Music. O modelo de negócios dessas empresas é gerar receita pela assinatura de usuários ou pela vinculação de publicidade.

Para finalizarmos, vale apresentarmos o que Silva (2022) declara: "Esse modelo de negócio é estratégico para a país porque pode ajudar a levar a educação e o conhecimento a uma grande parcela da população, muitas escolas e universidades já estão se utilizando desses serviços para a propagação de seus conteúdos e cursos".

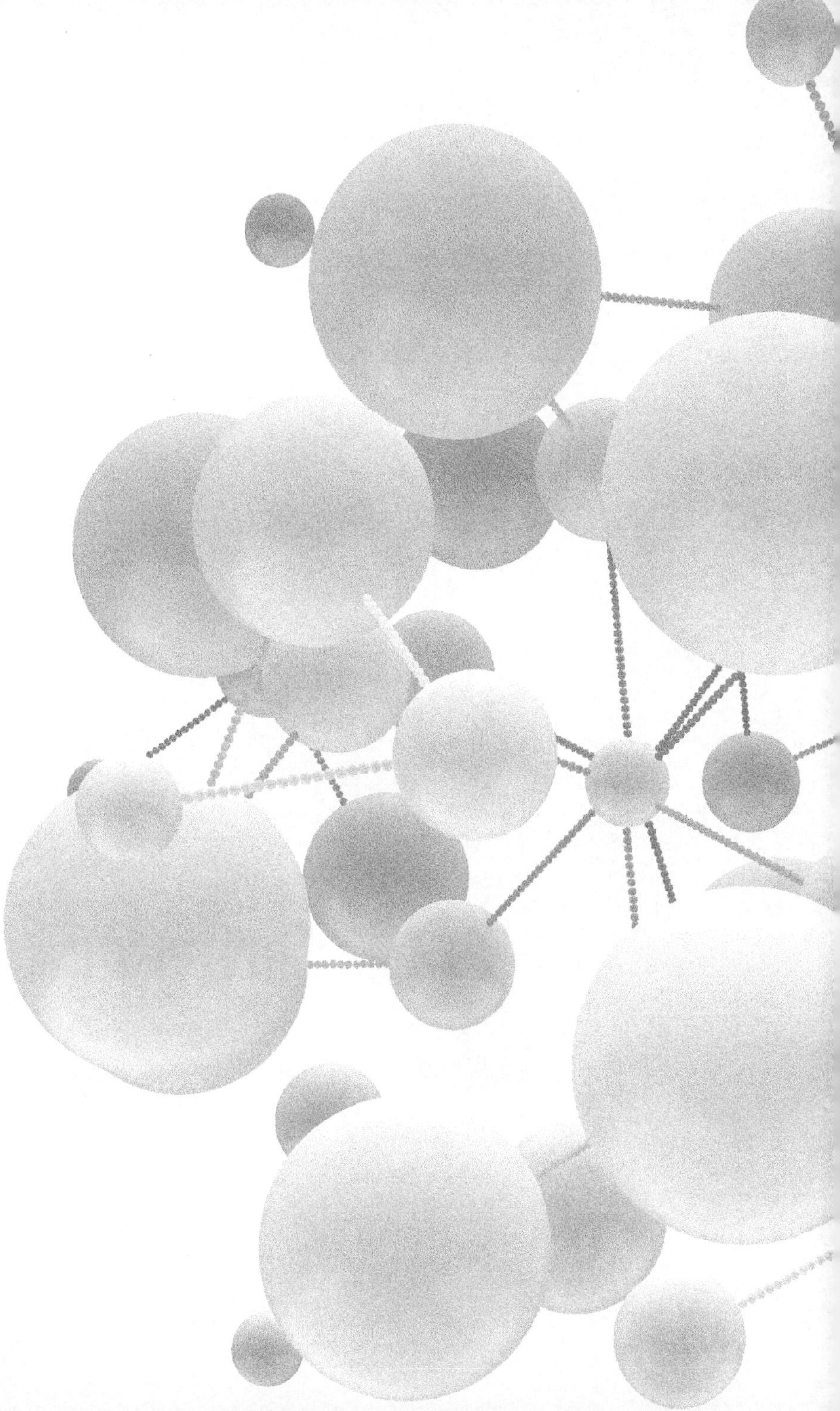

Capítulo 2

Infraestrutura e processos

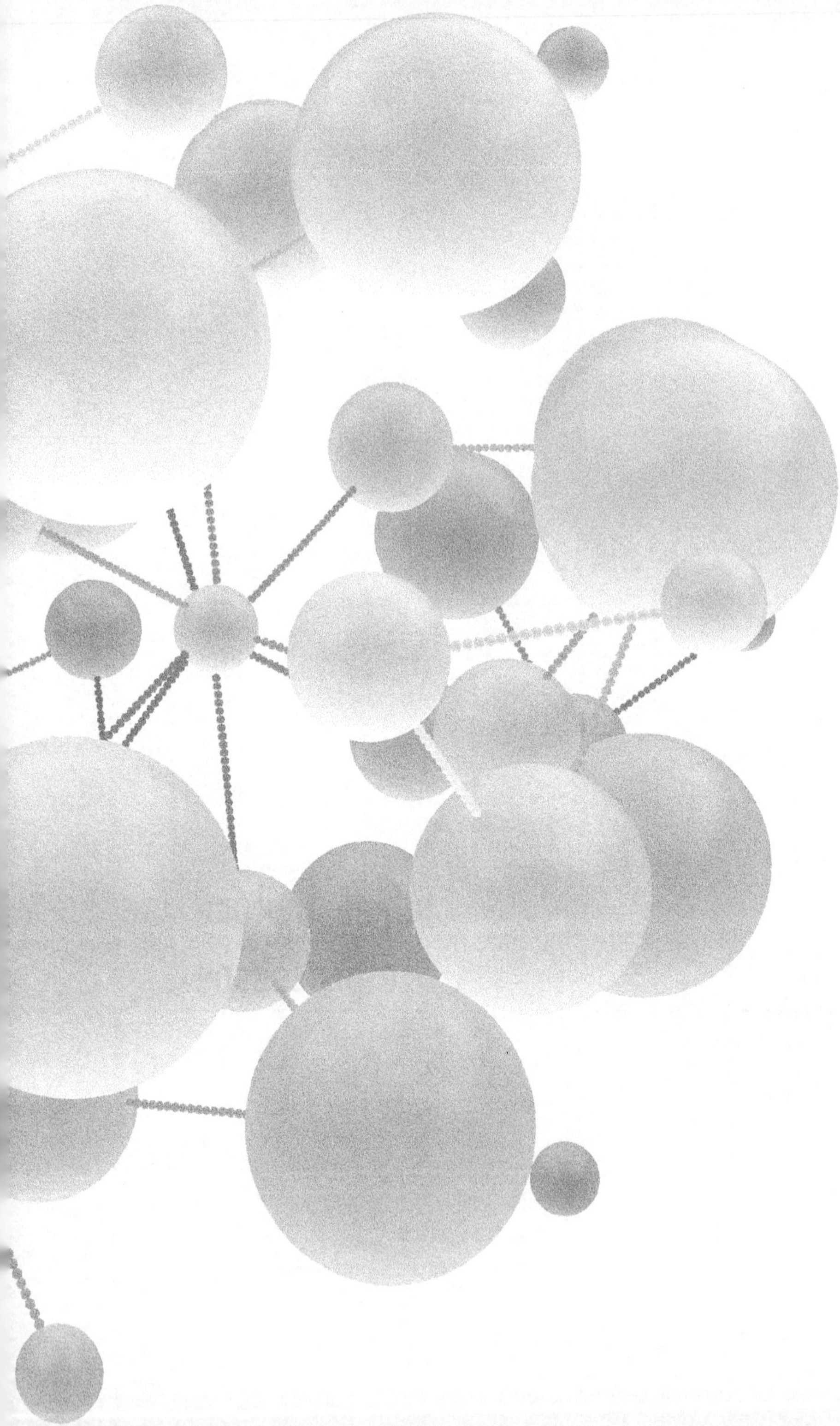

Neste capítulo, descreveremos a infraestrutura que suporta as operações dos negócios digitais, permitindo que suas aplicações estejam presentes em dispositivos espalhados por todo o mundo. Entender as principais atividades dos negócios digitais e como funciona sua infraestrutura ajuda a formar um pensamento crítico a respeito de como foi a evolução da tecnologia e para onde o mundo dos negócios digitais está migrando, além de vislumbrar o impacto dessas tecnologias em nossa vida.

Com a rápida revolução tecnológica, muitas vezes não conseguimos perceber a infraestrutura e a cadeia de processos necessárias para dar conta da transformação digital. Mesmo que milhões de pessoas usem a tecnologia diariamente, a maioria delas não percebe que a conectividade digital só é possível graças à existência de diferentes dispositivos que executam softwares em servidores, de modo que as aplicações que conhecemos cheguem aos usuários.

A rede de infraestrutura – formada por servidores ligados por cabos, conectando computadores e pessoas – que suporta a conectividade cresce e se aperfeiçoa dia a dia, mas, ainda assim, está sujeita a falhas de processos e pode ser vulnerável quanto à segurança.

Historicamente, os primeiros computadores começaram a ser desenvolvidos e utilizados depois da Segunda Guerra Mundial (1939-1945). No início, eram grandes máquinas que serviam para realizar cálculos e armazenar informações para fins científicos ou militares. Naquela época, os meios de comunicação eram o telégrafo e o telefone. Anos depois, o computador e a internet passaram a ser utilizados como meio de comunicação. O mundo vivia a época da Guerra Fria (1947-1989), e os Estados Unidos buscavam uma forma de comunicação segura para proteger suas informações. Nesse período, a utilização de computadores e da internet estava restrita a cientistas, militares, funcionários do governo e de grandes corporações.

As redes individuais, as universidades e as redes de empresas só começaram a permitir acesso a informações com a adoção de certos protocolos espécie de padronização de linguagens entre computadores.

capítulo 2

> A conexão com a internet possibilita a troca de dados pela web, que só pode ser executada havendo o Protocolo de Controle de Transmissão (TCP, do inglês Transmission Control Protocol) e o Protocolo de Internet (IP, do inglês Internet Protocol), os quais definem como os dados trafegam pela web. Ao utilizar a internet, o que ocorre é a conexão de um computador ou outro dispositivo a outro computador, intermediado por protocolos, cabos e servidores.

Cada dispositivo, servidor, navegador ou site tem seu IP, que é a identificação do usuário e pode ser um roteador, uma rede wi-fi, um dispositivo móvel ou um site. É por meio do endereço de IP que um aparelho é localizado na internet (Alecrim, 2018b).

Outro protocolo muito importante na fase de estruturação da internet foi o **www**, ou world wide web, desenvolvido pelo americano Tim Berners Lee em 1989, para facilitar o trabalho entre os usuários da época. Com essa funcionalidade, a conectividade deixou de ser exclusiva de governos e universidades. Por essa inovação, Berners Lee é conhecido como o pai da internet (Conheça..., 2020).

Figura 2.1 – Fluxo de dados na internet

Servidor em nuvem
Faz o armazenamento das aplicações

Servidor envia cópia da aplicação para usuário

Navegador ou browser
Faz a busca em servidores

Computador, tablet ou celular
Apresenta a interface das aplicações

Zahrotul Fuadah/Shutterstock

O protocolo www funciona como um sistema de distribuição de documentos de texto e imagem (hipertexto); o **http** é um protocolo de transferência de texto (Hypertext Transfer Protocol). Correspondem a um conjunto de regras que permitem aos computadores trocar informações com um servidor que hospeda uma página da internet. Uma vez conectado, o usuário pode interagir com essa aplicação. Esse protocolo define uma linguagem para a comunicação de dispositivos conectados à internet por meio de navegador web, porém, o protocolo http é baseado e transmitido em texto, e os dados transmitidos podem ser interceptados ou alterados no caminho entre os dispositivos. Para resolver essa situação, foi desenvolvido um novo protocolo, o **https** (Hyper Text Transfer Protocol Secure) que acrescenta uma proteção de segurança por criptografia, o que aumenta a segurança nas transmissões de dados, dificultando a interceptação das informações.

Ao se acessar a internet para executar qualquer tarefa, está-se interagindo com um servidor, também chamado de *servidor web*. **Servidores** são grandes sistemas computacionais que armazenam informações e dados para o bom desempenho de sites, páginas ou aplicativos. Os servidores são fundamentais para o funcionamento e a estabilidade da internet. Eles executam todas as solicitações de um endereço na internet, fazendo a transmissão de dados entre computadores e dispositivos conectados à rede e entre os próprios servidores.

Um grupo de servidores que trabalhe remotamente em conjunto compõe o que chamamos de *computação em nuvem, servidor na nuvem* ou *cloud server*. Esse conceito utiliza e compartilha a capacidade dos servidores conectados como capacidade de armazenamento e processamento, formando um conjunto, ou nuvem, de servidores.

> O termo *nuvem* foi adotado e popularizado porque os servidores não existem fisicamente na empresa ou para o cliente que contrata os serviços de armazenamento. Todo o serviço é executado de forma remota, em ambiente virtual.

capítulo 2

A computação em nuvem, uma modalidade de e-business, facilitou o acesso de empresas, desenvolvedores e usuários a sistemas mais robustos de hospedagem e com melhores recursos, possibilitando a adequação das demandas de forma rápida. Os servidores em nuvem também reduzem os custos, pois não precisam de um grande investimento inicial, já que os serviços são contratados virtualmente, com as configurações desejadas. Desse modo, a empresa não precisa dispor de servidores próprios para o armazenamento de dados – os servidores em nuvem são computadores de propriedade de alguma empresa, localizados em algum lugar do mundo e conectados à rede.

O software que faz a busca em servidores das informações para serem executadas em dispositivos é o navegador web, também conhecido como *browser*, ou simplesmente *navegador*. Essas aplicações permitem que o usuário acesse e interaja com as páginas de internet.

> Os navegadores mais populares são Chrome, Safari, Firefox e Edge.

Os números do protocolo IP são longos e difíceis de memorizar; por isso, o processo foi padronizado com um protocolo que permita o acesso à internet por meio de endereços mais fáceis de decorar. O nome que aparece na barra do navegador de um site é seu domínio, e para controlar a lista de domínios e facilitar o reconhecimento de sites foi criado o DNS (Domain Name Servers). O DNS é o domínio do site, por exemplo, o do Google é o www.google.com.

Ao digitar um domínio no navegador, este faz uma busca no servidor de DNS para localizar o endereço, o IP que identifica o site. O DNS é uma espécie de banco de dados que relaciona o nome do site com seu endereço e número de IP. Nesse processo, cabe ao navegador localizar o servidor em que o conteúdo está armazenado.

É preciso saber o endereço de uma página para efetivar a conexão a ela. além disso, as páginas e os servidores acessados também conseguem identificar o endereço de IP que se conecta a elas. Com essa identificação, são possíveis muitas ações de marketing e medidas de segurança. O reconhecimento do endereço IP do usuário é importante para que provedores de internet, navegadores e servidores identifiquem os usuários nos casos de mau uso das ferramentas web. Por essa razão, todas as ações na internet podem ser rastreadas e estão sujeitas à legislação, que penaliza os crimes cometidos em ambiente virtual.

Como mencionamos, o marketing também se utiliza do rastreamento dos IPs para fazer campanhas. No entanto, o IP não revela informações pessoais, até porque os dados são inscritos no servidor do site. Os dados apresentados são apenas a identificação do usuário e os sites visitados anteriormente, o que permite às empresas, no âmbito do marketing digital, fazer inferências a respeito do perfil e do comportamento do consumidor. Com isso, as campanhas tendem a ser direcionadas a um público bem delimitado.

Figura 2.2 – IP: identidade do dispositivo

Servidor em nuvem

Roteador

Todos os dispositivos, tablets, celulares, computadores têm um IP.

O IP é a identidade do dispositivo.

Zahrotul Fuadah/Shutterstock

Outro elemento importante na conectividade são os provedores, serviços on-line que fornecem a conexão à internet. Esses atores comercializam pacotes de dados que dão acesso à rede, e os valores desses pacotes podem variar de acordo com a velocidade de conexão ou a largura de banda contratada. São os provedores que fornecem os endereços de IP para acesso à rede. A legislação que regulamenta o uso da internet no Brasil, o **Marco Civil da Internet**, determina que os provedores coletem e arquivem todas as atividades de acesso por determinado período. Dessa forma, são monitorados os acessos com controle de hora e data das conexões. Os provedores utilizam roteadores, que direcionam internamente os acessos aos dispositivos e seus respectivos endereços de IPs conectados; por isso, todos os acessos passam pelo roteador.

> Os principais provedores de internet no Brasil são Oi, Claro e Vivo.

Esse processo é executado muito rapidamente graças aos dispositivos cada vez mais sofisticados e aos servidores com maior poder de armazenamento e processamento de informações. Todos os modelos de negócio baseados na internet seguem, de alguma forma, processos e protocolos de navegação. Logo, para se desenvolver um negócio com base tecnológica, é importante ter noções básicas de como funciona a internet.

O fluxo de conexão é o descrito a seguir:

- o dispositivo (computador, tablet ou smartphone) é conectado a um roteador por meio de uma conexão wi-fi de internet;
- o roteador já está preparado e conectado ao provedor de internet por meio de cabos, fios ou fibras, o que possibilita a conexão à rede;
- com o dispositivo conectado à internet, abre-se um navegador para acessar a página do site que que se deseja visualizar;
- por fim, após a digitação do endereço, o site apresenta o conteúdo, com o qual se pode interagir.

Na prática, quando um aparelho celular (um cliente) quer acessar um site, o navegador do dispositivo busca no servidor o site desejado e disponibiliza uma cópia do site para ser apresentada no navegador.

> Uma má qualidade de conexão com a internet causa lentidão ou até mesmo suspensão desse processo.

Esse processo básico é realizado bilhões de vezes todos os dias em todos os processos de interação pela internet. O aumento da velocidade de conexão permitiu aos dispositivos digitais moldarem a sociedade moderna, alterando a forma como as pessoas se comunicam, se relacionam e executam suas atividades. Entre os benefícios, destacamos: a facilidade e a rapidez de se encontrar informações e executar processos de formas mais adequadas; e a comunicação com extrema velocidade a custos acessíveis. Os negócios na internet impulsionaram uma rede mais conectada, interligando pessoas de todo o mundo.

Um gestor de negócios digitais precisa ter um bom entendimento de como funciona a infraestrutura da internet para dimensionar recursos e investimentos em servidores, hardware, desenvolvimento de softwares e aplicações web. Por exemplo, para constituir um e-commerce, é importante saber em qual servidor será hospedada a loja virtual, se o servidor de hospedagem é rápido, se tem boa capacidade de armazenagem e processamento de dados, se a navegação dos dados é segura e se a quantidade de acessos ao seu site pode deixar a navegação mais lenta ou até mesmo derrubar a conexão. Esses são aspectos importantes que, se não atendidos, podem significar perder vendas.

2.1 A importância da cultura digital

As principais atividades de e-business e e-commerce têm infraestrutura de base tecnológica. No entanto, além de investimentos em tecnologia e inovação, as empresas precisam estabelecer uma cultura digital.

Para ilustrar esse conceito, vale mencionarmos o caso da Netflix, a gigante do mercado de streaming. A entrega dos conteúdos de entretenimento via streaming somente foi viabilizada quando a conexão se tornou mais veloz, possibilitando ao usuário assistir aos conteúdos sem que a exibição fosse paralisada ou travasse. A Netflix utiliza um modelo completamente on-line em seu processo, desde o primeiro contato do cliente, passando pela contratação, pelo pagamento e relacionamento até a entrega da solução.

Portanto, seu modelo de negócios, além de tecnologia, apresenta uma cultura digital fundamentada em uma boa estratégia de comunicação e de inovação que inclui o cliente em seus processos. O propósito é que a percepção do usuário sobre a utilização da tecnologia seja baixa ou nula, a ponto de desconsiderar que todo o processo é feito por meio digital. Assim, o cliente pode interagir com o conteúdo, de acordo com o plano contratado, hospedado em servidores, disponibilizados para os IPs (smart TVs, celulares ou computadores), via navegadores e provedores.

2.2 Tecnologias e softwares: ERP, CRM e API

Já comentamos que a evolução da tecnologia e da internet fez surgir muitos negócios digitais. Os primeiros foram empresas de softwares, navegadores, provedores de e-mail e sites de busca. Obviamente, eram usados os recursos disponíveis à época. Os sites de busca mostravam os resultados por ordem alfabética, ainda com grande influência dos catálogos telefônicos; o serviço de e-mail suportava somente texto; e os softwares eram lentos e bastante limitados. Nessa época, nem se imaginava o poder dos algoritmos e da inteligência artificial. Empresas como Google, Apple e Microsoft ainda estavam engatinhando no cenário mundial e precisaram se adaptar às mudanças da sociedade para, com muito investimento em inovação e tecnologia, sagrarem-se as grandes corporações mundiais da atualidade.

A inovação e a diversidade de negócios digitais produzem novos termos e nomenclaturas. Para os menos experimentes, esses nomes podem causar certa confusão, mas, com o tempo, profissionais de e-business os integram às conversas do dia a dia. É o caso de siglas como: ERP, MRP, CRM, UX, API.

O avanço da computação no comércio e na indústria propiciou o fortalecimento de sistemas de gestão para esses setores. A princípio, devido ao alto investimento e à complexidade de implantação, os softwares eram utilizados quase exclusivamente para a área bancária e governamental. Com a popularização da tecnologia, tornaram-se um promissor modelo de negócio e passaram a fazer parte da rotina das empresas.

Os primeiros sistemas datam da década de 1970. O uso de computadores permitiu cálculos automatizados, favorecendo a gestão e o controle de materiais em conjunto com os dados de estoque, com o uso do **MRP** (materials requirements planning, *ou planejamento de recursos de produção*). A partir dos anos 1980, os recursos desses softwares foram ampliados, incorporando a possibilidade de gerar orçamentos e ajustes na programação da produção, em sistemas que ficaram conhecidos como MRP II. Os primeiros sistemas gerenciavam os recursos da fabricação, mas não tinham integração com outros processos, não permitindo a gestão total dos recursos das empresas (Latini, 2020).

Por causa dessas demandas, na década de 1990 foram desenvolvidas as primeiras versões de sistemas **ERP** (enterprise resource planning, ou planejamento dos recursos empresariais). Esses sistemas integravam os sistemas de produção com os sistemas de vendas, logística, finanças e contabilidade. O ERP, portanto, integra e controla todos os processos e informações de uma empresa; é um software que faz a gestão de todos os dados das operações, como: financeiros, de controle de estoque, de vendas, fiscais e de controle da produção (Junqueira, 2020).

> *ERP é um sistema que facilita o fluxo de informação de todas as funções de uma organização (principalmente funções*

> *operacionais, administrativas e transacionais). Visa automação dos procedimentos, fornecendo integração e mobilidade para toda a empresa. Possui um banco de dados único que interage com o conjunto integrado de aplicações e é dividido em módulos, o que permite maior flexibilidade no seu uso e implantação. Em geral, é comprado de um único fornecedor e abrange um conjunto de diferentes portes e naturezas de organizações independente [sic] da sua área de atuação no mercado.* (Latini, 2020)

Atualmente, parte das grandes empresas e muitas pequenas e médias empresas utilizam algum sistema de gestão para controlar e gerenciar seus recursos, com o intuito de seus processos, executar tarefas com exatidão, além de disponibilizar informações com mais velocidade e com rastreabilidade. Os ERPs são desenvolvidos por módulos, que compartilham um mesmo banco de dados, no qual as informações ficam centralizadas, facilitando a tomada de decisão. Cada módulo pode ser customizado de acordo com a necessidade da empresa e atende a todos os departamentos (financeiro, comercial, produção, contabilidade etc.).

Outra importante função de um ERP é o auxílio para o cumprimento das obrigações fiscais. No Brasil, essas atividades são muito burocráticas; por isso, um sistema pode auxiliar nesse processo, como na emissão de notas fiscais e na transmissão de informações para o fisco.

O avanço das funcionalidades desses softwares e a busca por sistemas de gestão para empresas fez o segmento crescer muito, gerando um mercado gigantesco de negócios digitais para atender a essa demanda. As empresas de software, além do desenvolvimento de sistema que atenda seus clientes, com recursos e funcionalidades pertinentes a cada ramo de atividade, prestam serviço de hospedagem, manutenção, suporte, treinamento, backup e formulação de novas funcionalidades no sistema. O modelo de negócio dessas empresas pode ser por SaaS, comercializando o software como um serviço, por assinatura recorrente para a utilização do sistema, ou sob demanda.

Muitas organização do tipo software house, como também são conhecidas as empresas que desenvolvem sistemas de gestão, especializaram-se em certos segmentos e desenvolvem sistemas específicos para determinados ramos de atuação. No mercado digital, há ERPs segmentados para a indústria, o varejo, a educação, entre outros ramos.

> As empresas mais conhecidas que desenvolvem ERPs são Totvs, SAP, Microsoft e Oracle.

Outro modelo de negócio digital baseado no desenvolvimento de sistemas e muito adotado por empresas são os softwares de **CRM** (customer relationship management, ou gestão de relacionamento com o cliente), sistema que otimiza a gestão e o relacionamento com os clientes visando à sua satisfação e fidelização. Esse tipo de sistema oferece ao gestor uma boa visão dos processos e das ações da empresa direcionados aos clientes, facilitando a tomada de decisão. Assim é porque o CRM funciona como uma central de informações dos clientes e de novas oportunidades de negócio (Gabriel, 2019).

A evolução dos recursos do CRM, como a possibilidade de prospectar clientes por meio de ferramentas de marketing digital, de monitorar e gerir o funil de vendas e de prever resultados da área comercial melhorou o processo de vendas de milhares de empresas de todo o mundo. Como consequência, empresas que desenvolvem softwares de CRM se multiplicaram, consolidando esse modelo de negócio no e-business. O avanço também interessou aos desenvolvedores de softwares ERP, que passaram a oferecer o módulo de CRM a seus clientes; logo, hoje é possível contratar um sistema ERP com módulos de CRM e BI (*business inteligence, ou inteligência empresarial*) integrados.

Como temos explicado, o e-business se erige sobre conexões, interações e integrações de processos e sistemas que precisam se comunicar entre si. Para favorecer essa interconectividade, foi criada a **API** (*application programming interface*, ou interface de programação de aplicação). As APIs são como tradutores de linguagens de sistemas diferentes, permitindo que conversem entre si.

Os desenvolvedores se utilizam das APIs para integrar sistemas sem a necessidade de criar um sistema destinado para adaptar a linguagem de programação. Com essa interface, ocorre uma integração mais ágil entre sistemas de linguagens diferentes, sem precisar alocar um time de desenvolvedores para esse processo. Dessa forma, o tempo de desenvolvimento e os recursos financeiros necessários são reduzidos.

Além disso, para fazer essa integração, os desenvolvedores não precisam conhecer os detalhes técnicos de cada aplicação, apenas os elementos das APIs dos sistemas. Por exemplo, se um desenvolvedor pretende integrar um ERP em uma plataforma de e-commerce, pode recorrer a APIs disponíveis na plataforma e no ERP. Por esse motivo, empresas que desenvolvem softwares, plataformas e aplicativos já planejam e disponibilizam APIs em seus sistemas com o objetivo de facilitar a integração com outros projetos.

> Uma das aplicações mais utilizadas atualmente é o Google Maps, que disponibiliza a integração via API. Nele, é possível acessar os recursos dos mapas sem precisar desenvolver sua própria funcionalidade de mapas.
> Outro exemplo interessante são os logins de acesso de alguns aplicativos de internet feitos pela plataforma do Facebook. Em vez de criar um novo usuário/senha, o recurso integrado permite utilizar os dados dessa rede social para fazer a autenticação do usuário.

No comércio eletrônico, é por meio das APIs que são integrados plataformas, recursos de meios de pagamento, aplicações de logística e sistema antifraude. Por essa interface também é feita a integração com os marketplaces.

A disponibilização de uma API incentiva também a inovação com o compartilhamento de informações entre desenvolvedores, que podem contribuir para melhorar o projeto original ou oferecer serviços complementares a serem integrados.

2.3 User Experience (UX)

No desenvolvimento de qualquer aplicação para internet – sistemas, softwares, sites ou aplicativos –, são utilizadas técnicas de design. Para que uma aplicação seja utilizada de modo a promover a melhor experiência para o usuário, ela precisa ter um design intuitivo, amigável e organizado. Esse processo é designado pela sigla UX, do inglês user experience (ou experiência do usuário).

O UX tem como objetivo entregar o melhor conteúdo e a melhor informação, acessados da forma mais agradável possível. Esse conceito está subjacente a toda boa experiência do usuário, por exemplo, quando o usuário navega na internet, nas redes sociais ou em um site para comprar um produto (Patel, 2023b). A experiência do usuário é desenvolvida com base em um estudo abrangente de design e comportamento do consumidor, a fim de facilitar a jornada do cliente em dispositivos digitais.

> Para citar alguns exemplos, perceba como é fácil e intuitivo navegar em aplicativos como Facebook, Mercado Livre e Uber.

Sites e aplicativos são desenvolvidos para ter usabilidade amigável e intuitiva. Busca-se prever as atitudes do usuário e deixar o design da aplicação mais agradável e compreensível, garantindo que a experiência seja a melhor possível. Quem executa o desenvolvimento dessas atividades são os profissionais de UX.

No e-business e e-commerce, uma boa experiência do usuário é considerada determinante para o sucesso do negócio. Grandes empresas, como a Apple, devem parte de seu êxito a um design totalmente intuitivo e de fácil usabilidade. Foi nessa empresa que o termo *UX* foi popularizado, pelo cientista da computação Don Norman (1935-). Ele previu, no início da década de 1990, que entregar ao usuário uma experiência encantadora era um forte diferencial para conquistar sua confiança (Patel, 2023b).

capítulo 2

O UX teve sua importância acentuada nos últimos anos, quando o uso de computadores tem sido substituído pelo uso de dispositivos móveis, os smartphones. Segundo dados da Deloitte relativos a 2019, 92% dos brasileiros possuem ou usam smartphone com frequência (Ogawa, 2022). Isso motivou os negócios digitais a migrar seus sites e portais para outras plataformas, com diferentes resoluções de tela. Houve uma crescente demanda por desenvolvimento voltado para aplicações em outros dispositivos além de computadores e notebooks. Nesse contexto, a expressão *design responsivo* tem ganhado força no mercado.

O **design responsivo**, também chamado de *layout responsivo*, é desenvolvido com recursos que automaticamente se ajustam à tela do dispositivo, proporcionando uma melhor experiência ao usuário. Segundo Neil Patel (2023b), especialista no assunto, o design responsivo se utiliza de técnicas que automaticamente reorganizam a dimensão da imagem de acordo com a proporção de tela do dispositivo que o acessa, facilitando a navegação e tornando a usabilidade mais agradável e amigável para os usuários.

No entanto, nem sempre foi assim. No início do uso de smartphones, o design era adaptado de sites tradicionais, forçando, muitas vezes, o usuário a fazer o movimento de pinça com os dedos para melhor visualizar os elementos. Num segundo momento, os sites desenvolvidos para mobile tinham endereço diferente dos sites para computadores e notebooks. Com a aplicação do design responsivo, essas situações foram resolvidas: hoje se pode acessar o mesmo site, com o mesmo endereço, por meio de diversos dispositivos com experiências diferentes de navegação.

> A atualização dos algoritmos do Google também passou a dar prioridade para sites responsivos nas buscas. Isso significa que sites que apresentam layout responsivo aparecem primeiro no ranqueamento do buscador.

Outra opção para melhorar a interação entre um e-business e o usuário é o **desenvolvimento de aplicativos**. O aplicativo tem uma grande vantagem sobre um site responsivo, já que pode interagir com o smartphone do cliente. Dessa forma, pode acessar recursos como câmera e geolocalização, permite o envio de notificações em tempo real e o acesso off-line a algumas informações.

O avanço da tecnologia impulsiona o design responsivo a se adaptar a diferentes tipos de dispositivos que são lançados, cada vez mais versáteis, com telas dobráveis e flexíveis, por exemplo. Design e UX precisam se ajustar para melhorar a experiência do usuário em tablets, laptops, netbooks, smartwatches, consoles, games e televisores inteligentes.

Capítulo 3

Arquitetura operacional

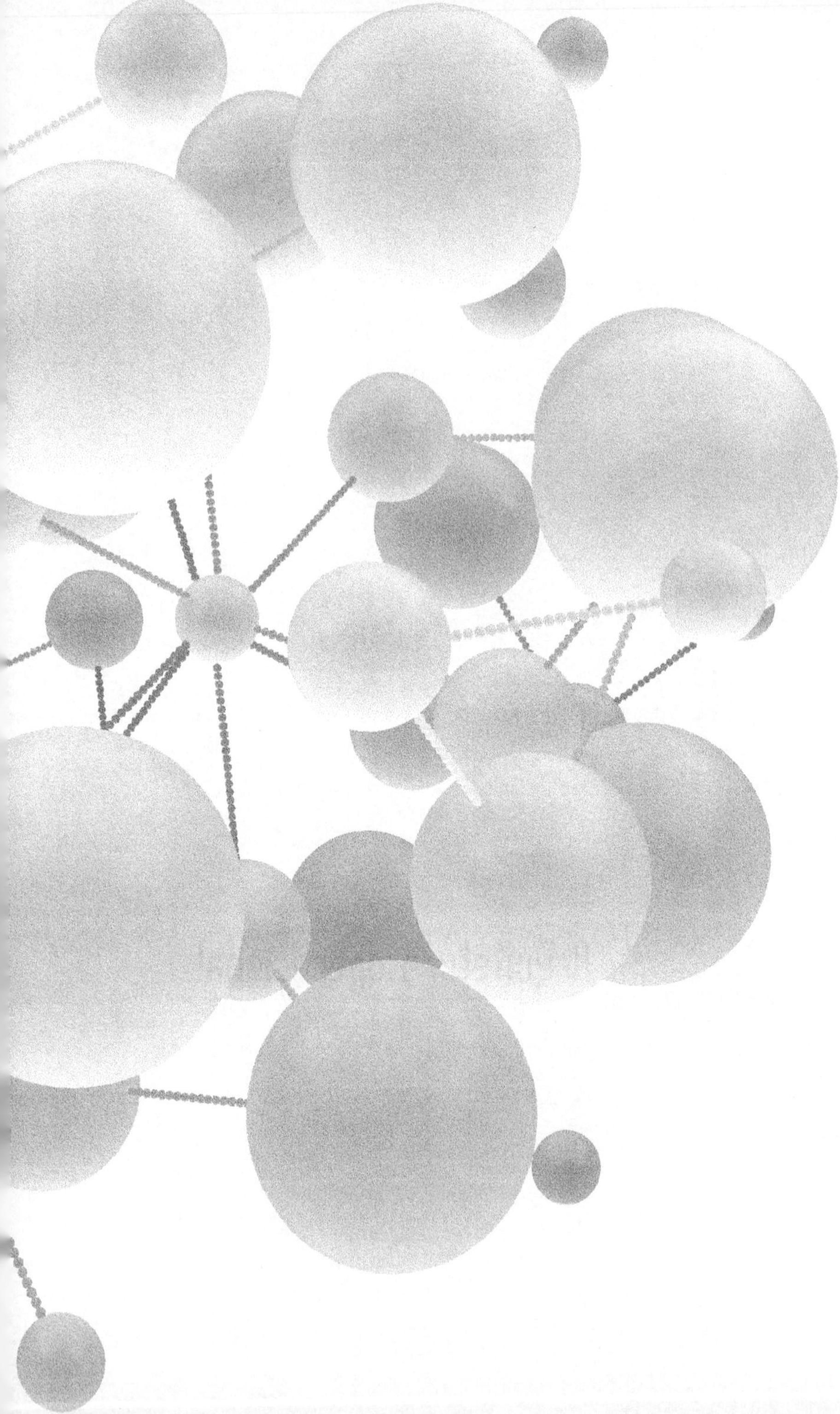

O crescimento do mercado e das empresas de software fez emergir modelos de negócio diferenciados para atender a demandas e públicos distintos. Os softwares e os serviços de infraestrutura começaram a ser comercializados de diferentes maneiras, e cada uma dessas formas de comercialização recebe nomes específicos.

Se uma empresa precisa implantar um ERP, sistema de gestão ou plataforma de e-commerce, ela tem basicamente três opções:

1. Adotar um modelo de aluguel ou SaaS da plataforma ou software.
2. Desenvolver o sistema de acordo com as demandas da empresa.
3. Utilizar plataformas prontas no modelo conhecido como *open source*.

> Open source é um modelo de programação com código aberto.

Cada uma dessas estratégias tem vantagens e desvantagens, e é importante para profissionais de negócios digitais entender as diferenças para optar pelo modelo mais adequado, que atenda a seu projeto com melhor custo-benefício. Também é preciso entender as formas de monetização, isto é, como esses modelos de comercialização de negócios digitais podem obter receita para sua viabilidade.

No open source, programadores compartilham seus sistemas na rede e os deixam à disposição de outros usuários, que podem usá-los gratuitamente. A vantagem desse modelo é que o software ou plataforma pode ser utilizado e alterado por qualquer empresa ou desenvolvedor. Embora gratuitos, tais softwares contam com uma comunidade de desenvolvedores, que acrescenta recursos, APIs e temas para essas plataformas, recursos que quase sempre são pagos. Portanto, mesmo com o software gratuito, torna-se necessário um investimento na configuração e na customização das plataformas e na compra de recursos para melhorar o desempenho do sistema. Outro ponto importante é que os sistemas open source precisam ser hospedados em um servidor, e o contratante fica responsável pelo investimento e pela gestão dessa hospedagem.

Alguns sistemas e plataformas de e-commerce são disponibilizados na internet com esse modelo; os mais utilizados e conhecidos são Wordpress, Opencart e Magento. O modelo deve ser considerado para quem pretende criar uma loja virtual ou contratar um sistema e já tem algum conhecimento sobre servidores e programação, além de experiência nessas plataformas.

Outra alternativa é o desenvolvimento de um sistema ou software de gestão de acordo com as demandas da empresa, situação que, embora possível, não é razoável. Desenvolver um sistema é complexo e necessita de um conhecimento muito grande dos processos a serem realizados, de um projeto de software muito bem planejado, além, obviamente, de bons programadores. Optar por desenvolvimento próprio geralmente representa um investimento muito maior do que contratar alguma solução existente no mercado. Os principais empecilhos são o tempo despendido, a inexistência de um suporte para possíveis falhas ou bugs e a falta de atualizações constantes nos recursos e nas aplicações, que podem tornar o software uma obstrução ao crescimento da empresa. Essa possibilidade só deve ser considerada caso a empresa já disponha de equipe formada para essa tarefa ou se inexiste no mercado solução similar à desejada.

Ainda, é possível recorrer à contratação de plataforma ou software no modelo de aluguel ou SaaS, a modalidade mais comum no mercado digital.

3.1 SaaS: software as a service

A contratação de um software na maior parte das vezes é feita pelo modelo de SaaS, sobre o qual discorremos no capítulo anterior. Nele, o software ou plataforma é desenvolvido por um fornecedor e oferecido ao cliente como um serviço.

O sistema de cobrança é recorrente, e a empresa desenvolvedora do software passa a prover um rol de serviços relativos ao software, como hospedagem, suporte, atualizações do sistema, backups, treinamentos e implementação de novos recursos. A comercialização de um software no modelo SaaS implica a contratação, pelo cliente, de uma licença de uso e o pagamento mensal dos serviços do software, em uma espécie de locação, na qual o cliente paga pelos serviços.

Existem softwares nessa modalidade para todos os portes de empresa. Podem ser contratados diretamente pela internet e utilizados via web. Há, também, sistemas robustos e complexos que demandam uma consultoria e um planejamento especial para sua implantação. Nesses casos, empresas desenvolvedoras de software cobram um valor inicial referente ao setup, para a contratação e as configurações iniciais, o qual é definido na negociação entre o cliente e a empresa fornecedora do software.

> O SaaS é o modelo mais utilizado no mercado de sistemas. Algumas empresas desenvolvedoras de softwares que praticam esse modelo são: Adobe, Dropbox, Totvs, SAP e Oracle.

No comércio eletrônico, a maioria das lojas virtuais trabalha com uma plataforma, ou software no modelo SaaS. Independentemente do tamanho do negócio, existem plataformas com recursos e configurações que atendem ao e-commerce de diversos tamanhos.

> As plataformas SaaS para comércio eletrônico mais utilizadas no Brasil são: Vtex, Loja Integrada, Nuvem Shop, Tray, WBuy, Prestashop e Shopify.

Para montar uma loja virtual, a empresa tem de optar por uma plataforma e, antes de fazer a escolha, precisa conhecer o modelo de negócio praticado por ela. Para quem pretende começar uma loja virtual, ou contratar um software, a solução mais utilizada é a busca por plataformas e softwares no modelo SaaS.

As empresas fornecedoras dessas soluções têm em sua base muitos clientes e um conhecimento que auxilia muito na preparação do negócio, podendo melhorar os processos iniciais. Algumas oferecem seus serviços com um investimento baixo para quem está iniciando no comércio eletrônico.

3.2 IaaS: infrastructure as a service

Também muito comum no e-business é a comercialização de serviços de infraestrutura, a IaaS. Nesse modelo de negócio, a empresa prestadora do serviço disponibiliza serviços de infraestrutra de TI (tecnologia da informação), como servidores de hospedagem de sites, softwares ou aplicações web, com cobrança recorrente e prestação de serviços agregados (suporte, backups, certificações de segurança e balanceamento de servidores).

Os serviços de IaaS são baseados em computação em nuvem e oferecem para a empresa contratante a possibilidade de expandir ou diminuir seu serviço de armazenagem de dados conforme sua demanda ou sazonalidade. Empresas desenvolvedoras têm adotado esse modelo, pois possibilita equacionar a demanda e fazer um melhor balanceamento com os servidores (Amorim, 2017). Com a terceirização de serviços de infraestutura, a empresa ganha mais tempo para focar no negócio principal e desenvolver soluções para seus clientes.

Lojas virtuais que optam por plataformas open source podem utilizar o modelo IaaS para otimizar seus serviços de hospedagem, backup e certificações, a fim de melhorar seu desempenho. Startups que desenvolvem aplicações e softwares também podem recorrer a serviços de infraestrutura como um serviço recorrente.

3.3 PaaS: platform as a service

Os serviços de PaaS, ou plataforma como serviço, têm apresentado soluções interessantes para empresas de negócios digitais. Comercializar serviços de plataformas é muito semelhante ao método empregado nos serviços prestados como infraestrutura. Ambos são baseados na computação em nuvem. Os recursos de software e hardware ficam hospedados na nuvem e o usuário paga um valor recorrente para a utilização.

A grande vantagem é que o usuário não precisa fazer grandes investimentos em equipamentos, principalmente memória e processadores. A empresa pode dimensionar melhor seus investimentos: em momentos de maior demanda, pode aumentar os recursos contratados e, nos momentos de baixa, reduzir a contratação. Assim, economiza dinheiro e evita equipamentos ociosos.

Esse sistema é muito utilizado por desenvolvedores e empresas de desenvolvimento de software. As plataformas que comercializam serviços disponibilizam processadores virtuais para aumento da velocidade dos dispositivos, backups automáticos, serviços de hospedagem de aplicações e softwares (O que é..., 2020).

> Alguns exemplos de PaaS são: Amazon AWS, Microsoft Azure e Google App Engine.

3.4 Fraudes e crimes na internet

A infraestrutura da internet e a forma como o usuário realiza suas conexões pode apresentar pontos vulneráveis, que afetam a segurança do usuário e podem facilitar fraudes e crimes no ambiente virtual. Infelizmente, crimes e fraudes cibernéticos têm se tornado constantes; no Brasil já existe tipificação desses crimes e delegacias especializadas.

capítulo 3

Diferentemente do que algumas pessoas imaginam, as ações na internet podem ser rastreadas. Delitos nas plataformas digitais são investigados e o criminoso é buscado com base no IP do aparelho e do roteador por meio dos quais foram cometidos os crimes.

Muitos delitos são considerados crimes cibernéticos. Os mais comuns são aqueles que envolvem a distribuição e o envio de vírus ou códigos maliciosos aos usuários da internet. O envio de vírus pode preceder outros crimes, como o furto de dados bancários e informações sigilosas. No ambiente virtual, também são praticados outros crimes previstos em lei, como extorsão, calúnia e difamação, assédio, plágio, terrorismo, racismo e discriminação por sexo, raça, cor e/ou religião (Baptista, 2021).

Além dessas infrações, o Estatuto da Criança e do Adolescente (ECA), a Lei n. 8.069, de 13 de julho de 1990 (Brasil, 1990a), descreve o crime de pedofilia. Segundo o estatuto, são considerados crimes os atos de adquirir, possuir ou armazenar material que contenha qualquer forma de registro de sexo ou pornografia envolvendo crianças ou adolescentes (JusBrasil, 1990).

Crimes virtuais podem extrapolar os limites da internet, quando os criminosos buscam o acesso a bens das vítimas. Nesse caso, os dispositivos digitais são um meio de se realizar o crime, por exemplo, o roubo de dados de cartão de crédito para a compra de produtos.

> O Código Penal brasileiro precisou ser alterado em 2012 para acrescentar a tipificação e a punição para os crimes cometidos na internet. Foi criada a Lei Carolina Dieckmann, depois que a atriz teve fotos íntimas vazadas em uma invasão a seu computador pessoal (Brasil, 2012).

As empresas baseadas em tecnologia precisam redobrar os cuidados para evitar ataques de criminosos digitais. Como sua base é toda na web, ter o site ou aplicativo bloqueado por horas ou dias pode causar prejuízos e, até mesmo, o fechamento da empresa. Os principais ataques cibernéticos às empresas são: invasão dos servidores, vazamento de dados, bloqueio do acesso às informações, instalação de vírus ou bloqueio do sistema. Os crimes virtuais, na maioria das vezes, são precedidos por pedidos de resgate, geralmente em criptomoedas (Ataque..., 2022).

Os criminosos virtuais são conhecidos como *crackers*. Utilizam seus conhecimentos em tecnologia para alterar sistemas operacionais, e seu objetivo é obter alguma vantagem, geralmente de caráter financeiro. A grande maioria dos crackers atua em países diferentes daquele em que reside e utiliza técnicas de trocas dinâmicas de IPs e outros artifícios para dificultar seu rastreamento. Eles buscam brechas em sistemas, senhas vulneráveis e estratégias de envio de vírus ou programas maliciosos para invadir sistemas e redes de empresas e organizações públicas.

Os crackers conseguem ter acesso ao sistema, geralmente através de vírus de computador, que recebe esse nome justamente pela capacidade de infectar o sistema. O vírus pode acessar o sistema por diferentes meios: anexo de e-mail não solicitado, download de aparência legítima, link para acessar alguma página de internet e mídias físicas, como unidades USB.

> Cabe aqui a distinção entre hackers e crackers. Os **hackers** têm profundo conhecimento em computação e trabalham alterando sistemas, desenvolvendo novas aplicações e novas funcionalidades em softwares e aplicações de computadores, não obrigatoriamente para cometer crimes virtuais (Caetano, 2022). Já os **crackers** são marginais que utilizam seus conhecimentos para cometer crimes.

Cerca de 57% das empresas brasileiras são alvos de fraudes e ataques digitais com frequência (Bezerra, 2021). Um exemplo recente ocorreu com a JBS em 2021, quando a empresa teve bloqueados alguns servidores das unidades da Austrália, do Canadá e dos Estados Unidos. Por causa disso, a produção das fábricas foi interrompida temporariamente. A companhia desembolsou cerca de 11 milhões de dólares, pagos em criptomoedas, pelo resgate (Lopes, 2021).

Os cibercriminosos também falsificam sites, sistemas e meios de pagamento. Todas as ferramentas e recursos da internet são passíveis de ataque cibernético. Os crimes cibernéticos são praticados por meio de softwares maliciosos, denominados *malware*, que invadem os sistemas e podem inutilizar os dados, bloquear ou roubar informações e operações ou ainda sequestrar ou criptografar dados, em uma prática conhecida como *ransomware* (Santos, 2022).

Ransomware é um software malicioso utilizado para sequestro e criptografia de dados pessoais, empresariais ou governamentais. Com ele, criminosos sequestram os dados ou bloqueiam o sistema e pedem um resgate para a liberação. Também existem ataques cibernéticos com motivação política e terrorista, a fim de minar sistemas eletrônicos para causar pânico ou medo. Esse tipo de crime cibernético tem obtido muito êxito, e criminosos têm conseguido receber os resgates em criptomoedas, motivando e aumentando a ousadia dos criminosos (Santos, 2022). Caso uma organização seja vítima de ransomware, a recomendação é que faça o registro da ocorrência na delegacia de crimes cibernéticos e não pague resgate.

Outra possibilidade de golpe muito comum é a falsificação de site ou aplicativo. O criminoso duplica um site com as mesmas informações do autêntico e, assim, consegue coletar dados de usuários, números de cartões de crédito e realizar vendas que não serão entregues.

O comércio eletrônico também está sujeito a fraudes e golpes. Uma forma de golpe é o uso do chargeback para fraudar o lojista. O chargeback é um direito do cliente que compra com cartão de crédito na modalidade não presencial. Com o chargerback, o consumidor tem o direito de pedir estorno do valor cobrado caso não reconheça a compra. No golpe, criminosos se aproveitam dessa lei para fazer pedidos com cartões de crédito em nome de terceiros, e os valores, depois que as mercadorias são entregues, são estornados pelos verdadeiros proprietários dos cartões.

Também são constatadas fraudes em pedidos de compras em nome de terceiros, cartões de crédito clonados, adulterados ou utilizados sem autorização. Da mesma forma, existem adulterações em boletos e comprovantes bancários. Para garantir a segurança de uma operação de comércio eletrônico, principalmente para quem está iniciando, o ideal é utilizar um sistema antifraude ou realizar as transações bancárias por meio de um subadquirente que garanta a operação.

Além de crackers, outros criminosos se utilizam dos dispositivos digitais para praticar fraudes. Essas fraudes não são voltadas ao sistema, configurando tentativas de enganar o usuário para obter dados bancários, senhas, informações sigilosas e vantagens financeiras. Alguns marginais que praticam essas ações têm pouco ou nenhum conhecimento de programação e atuam estando em presídios ou instalações rudimentares. O sucesso de seus golpes só é possível pela inocência de usuários que fornecem dados e senhas ou transferem dinheiro para esses criminosos, como reação aos mais diversos engodos. Muitas são as fraudes; as principais são aplicadas em dispositivos de conversa eletrônica, redes sociais, e-mails e mensagens de SMS.

> Para ilustrar e advertir, descreveremos brevemente alguns dos golpes recordistas de denúncias nas delegacias de cibersegurança.
>
> Golpe 1: o(a) jovem apaixonado(a)
> Nessa situação, por meio de redes sociais, uma mulher ou rapaz jovem aborda um homem, geralmente mais velho e com um relacionamento estável, com o pretexto de fazer amizade. O perfil desse(a) jovem é falso; os criminosos usam fotos falsas de pessoas bonitas para seduzir a vítima.
>
> Os assuntos abordados pelo(a) jovem têm o objetivo de estabelecer algum tipo de relacionamento com o senhor. Geralmente têm conteúdo erótico, até o momento da troca de fotos íntimas. Com a conquista das fotos íntimas, começam a chantagem e a extorsão para não divulgar essas fotos, com pedido de dinheiro.
>
> Golpe 2: a herança
> O criminoso entra em contato com a vítima se passando por advogado, alegando que um parente distante faleceu e deixou uma herança fabulosa para a vítima.
>
> Para receber o valor herdado, basta a vítima pagar os honorários advocatícios ou fazer algum pagamento para a emissão dos documentos. Obviamente, tudo é uma grande fraude.

> **Golpe 3: parente pedindo dinheiro**
> Esse é o golpe com mais boletins de ocorrência nas delegacias especializadas em crimes cibernéticos. Nesse caso, um parente, geralmente um filho, entra em contato com a vítima pedindo dinheiro emprestado por estar em uma situação delicada ou sem acesso ao aplicativo do banco.

3.5 Notícias falsas, ou fake news

Além das fraudes e tentativas de golpe tradicionais, outro crime passível de punição é a disseminação de notícias falsas, que pode ser tipificado como crime contra a honra ou calúnia e difamação.

Apesar de parecer inofensivo, disseminar ou compartilhar informações falsas tem consequências desastrosas e trágicas. Pessoas são injustamente punidas por atos que não cometeram. No Brasil, em 2014, a propagação de uma notícia falsa causou a morte de uma mulher por linchamento. A vítima, uma dona de casa, mãe de duas crianças, foi confundida com uma sequestradora de crianças que tinha sua foto exibida nas redes sociais (TJ-PR, 2022). Outro caso de fake news é o movimento antivacina, situação em que indivíduos contrários à vacinação espalharam conteúdos falsos, resultando na baixa adesão às campanhas vacinais, o que fez muitos desconfiarem do sistema público e da qualidade da proteção.

O principal objetivo de uma fake news é criar confusão sobre um fato, uma pessoa ou determinada situação, visando desgastar sua imagem perante a opinião pública. As notícias falsas são propagadas em redes sociais, blogs e aplicativos de mensagens. O compartilhamento desse tipo de informação é considerado disseminação de notícia falsa, sendo, além de perigoso, crime.

As fake news têm provocado grandes estragos sociais em todo o mundo. Para previnir essa propagação, as principais plataformas digitais passaram a adotar medidas preventivas que punem essas práticas. Ademais, governos têm intensificado os projetos de lei que buscam o controle e o combate à propagação de informações falsas por meios digitais.

Para as empresas, os ataques cibernéticos têm causado vultosos prejuízos. Os crimes digitais são preocupação e fator de risco para os negócios digitais. Um bom plano de ação é tomar medidas de prevenção e segurança, conforme expomos na seção a seguir.

3.6 Cibersegurança

Cibersegurança é o termo empregado para se referir a procedimentos e práticas que têm como propósito a segurança no ambiente digital (Bezerra, 2021). O aumento dos crimes cibernéticos tem levado as empresas a investirem em cibersegurança, a fim de proteger dispositivos como computadores, servidores e redes contra ataques virtuais ou fraudes. Para as empresas, principalmente as grandes corporações, as práticas de segurança precisam fazer parte da rotina, em especial aquelas que mantêm funcionários em home office ou em outras modalidades de trabalho a distância, quando compartilham a rede de computadores ou sistemas de gestão.

O conceito de cibersegurança envolve práticas de proteção às redes de computadores físicos (hardware), precauções relativas à segurança dos sistemas (software) e educação dos usuários para o manuseio correto e seguro dos dispositivos. Com base nesses três fundamentos, no quadro a seguir, apontamos algumas ações que protegem sistemas, dispositivos físicos e usuários e, assim, evitam prejuízos.

Quadro 3.1 – Orientações de cibersegurança

PROTEÇÃO DE SOFTWARE	
Manter o sistema operacional atualizado.	Um sistema desatualizado começa a operar com falhas e fica vulnerável a ataques cibernéticos. A maior parte das atualizações de um sistema operacional são relativas à restrição de novas falhas de segurança, à detecção de novos vírus e à atualização contra ataques de malwares.
Manter atualizados os softwares de segurança e firewall.	Um antivírus atualizado é mais eficaz na detecção de ameaças e pode impedir que um malware seja baixado. A atualização constante diminui o risco de ataques, pois novos dispositivos maliciosos são criados frequentemente.
Não utilizar software pirata.	Sistemas piratas contêm brechas de segurança e códigos maliciosos, que facilitam a invasão do seu computador.
Utilizar um backup de segurança.	O backup por si só não é uma forma de proteger o sistema, mas assegura que informações importantes não sejam perdidas no caso de uma invasão ou problema no equipamento. É recomendado fazer o backup em um HD externo ou em serviços de hospedagem de arquivos na nuvem. O backup pode ser programado para ser feito automaticamente e de forma periódica.
Instalar filtros de spam.	Muitos e-mails oferecem essa proteção e filtragem, porém, é possível selecionar individualmente mensagens com um filtro anti-spam. Spam são e-mails que podem conter algum link que direcione para um site malicioso ou que permite a instalação de um vírus.

(continua)

(Quadro 3.1 – conclusão)

Proteção de hardware	
Manter dispositivos e computadores com senhas de acesso fortes e diferentes entre si.	Alguns sites são vulneráveis em seus sistemas de segurança. Caso a senha do usuário seja descoberta em um deles, dará acesso a todas as suas informações. É aconselhável cadastrar senhas improváveis e diferentes em cada site. Assim, caso uma senha seja descoberta, não será possível acessar outros sites com ela.
Configurar roteadores de internet com senhas robustas.	Os roteadores contêm os dados de navegação de todos os dispositivos conectados a ele. Dessa forma, com o acesso ao roteador, é possível ter acesso às informações de conexão dos dispositivos, inclusive senhas.
Fazer a manutenção de equipamentos e dispositivos somente em empresas ou profissionais de confiança.	Maus profissionais podem vazar dados, informações ou instalar softwares maliciosos.

Como a maior parte das fraudes e dos crimes na internet é favorecida pela falta de atenção do usuário, no âmbito da cibersegurança, recomenda-se investir na educação para o manuseio de dispositivos com as melhores práticas de segurança, visando evitar crimes digitais. Isso porque as condutas dos usuários podem facilitar violações de segurança, e a simples atenção ao comportamento on-line pode obstar uma tentativa de golpe. Listamos algumas das melhores práticas no quadro a seguir.

Quadro 3.2 – Melhores práticas de cibersegurança

Navegar somente em sites e páginas que tenham o protocolo https.	Os sites com protocolo https são identificados pela imagem de um cadeado, o que indica que contam com certificado de segurança.
Ter muito cuidado ao compartilhar senhas com terceiros e armazenar senhas em serviços de hospedagem de arquivos em nuvem.	Aqui não está questão a confiabilidade da pessoa com quem a senha foi compartilhada. No entanto, ao passar a senha para terceiros por redes sociais e aplicativos de mensagens, essa informação pode ser interceptada e utilizada para acessar dados bancários e fazer compras com cartão de crédito ou em lojas virtuais.
Utilizar a autenticação de dois fatores.	Um cuidado adicional é a aplicação da autenticação de dois fatores nos dispositivos que usam senha. Esse recurso solicita, além da senha tradicional, outro fator de verificação, provavelmente um código ou uma mensagem enviada por e-mail ou SMS. Sem a combinação dos dois fatores, o acesso à aplicação não é permitido.
Não compartilhar códigos de segurança.	Golpistas utilizam muitas técnicas para roubar o acesso a códigos de segurança. Passam-se por familiares, empresas de pesquisa, órgãos de governo e instituições bancárias. Os códigos de segurança são aqueles enviados por empresas para a confirmação de dados; são confidenciais e não devem ser repassados a ninguém, pois podem dar acesso a contas bancárias e dados de cartão de crédito, por exemplo.
Ter muito cuidado ao clicar em links recebidos via aplicativos de mensagens, e-mail ou redes sociais.	Esses links podem redirecionar para sites maliciosos que têm o objetivo de instalar vírus e outros programas que podem roubar senhas.

(continua)

(Quadro 3.2 – conclusão)

Sempre que se desconfiar de um site ou página, certificar-se de que o site em que se está navegando é o verdadeiro.	Criminosos desenvolvem sites falsos para obter dados de consumidores.
Evitar acessar redes wi-fi em locais públicos.	Roteadores contêm os dados de navegação de todos os dispositivos conectados a ele. Se o roteador for invadido, pode dar acesso a informações de conexão dos dispositivos, inclusive senhas.
Ter cuidado ao fazer downloads.	Os downloads são a maior fonte de vírus em computadores. Por isso, na necessidade de realizar uma transferência ou instalação de arquivos, deve-se buscar arquivos de fontes confiáveis e evitar baixar arquivos de fontes suspeitas.
Verificar se a URL do site pertence realmente à empresa que você está procurando.	Muitos fraudadores usam nomes semelhantes na URL para enganar os usuários. Por exemplo, a URL verdadeira do site do Mercado Livre é <www.mercadolivre.com.br>. Fraudadores alteram alguns caracteres e lançam o site como <www.mercadol1vre.com.br> e assim conseguem capturar dados do cartão de crédito ou vender produtos que não serão entregues.

3.7 Regulamentação: regras tributárias, Lei Geral de Proteção de Dados e Marco Civil da Internet

Os negócios digitais e o e-commerce, assim como qualquer empresa, estão sujeitos à legislação e a regras tributárias específicas, de acordo com o ramo de atividade, o enquadramento fiscal e a forma de gerar receita. A internet também tem sua regulamentação, e negócios digitais, plataformas e usuários são orientados pela Lei n. 12.965, de 23 de abril de 2014, mais conhecida como **Marco Civil da Internet** (Brasil, 2012).

> O profissional de e-bussines e e-commerce precisa estar atento às leis relacionadas aos meios digitais, especialmente quando no que tange à proteção de dados e informações sigilosas dos usuários.

O marco civil regula as aplicações da internet, aponta direitos e garantias dos usuários, regula a provisão de conexão e de aplicações, define a responsabilidade dos provedores e a obrigação do Poder Público. Essa lei estabelece princípios, garantias, direitos e deveres para o uso da internet no Brasil. Ainda, regulamenta o acesso dos usuários, o processamento de seus dados e a responsabilidade por danos. A legislação se baseia em três fundamentos: a liberdade de expressão, a neutralidade de rede e a privacidade.

- A **liberdade de expressão** é o direito de se declarar livre e adepto a ideias sem ser julgado por isso, mas sem direito ao anonimato. Vale assinalar, neste ponto, que o Marco Civil da Internet está sujeito à Constituição Federal, que responsabiliza criminalmente atitudes como calúnia e difamação, assédio, racismo e discriminação.
- A **neutralidade de rede** indica que provedores de internet devem tratar os pacotes de dados que trafegam em suas redes de forma isonômica, ou seja, sem discriminação relacionada ao conteúdo. Isso garante que os provedores não censurem sites ou promovam conteúdos, concedendo ao usuário uma navegação sem interferência ou censura.
- A **privacidade**, por fim, tem o objetivo de proteger os dados dos usuários, exigindo o consentimento expresso destes em todas as operações realizadas com suas informações, bem como determina a indenização decorrente de violações à intimidade, a comunicações sigilosas e à vida privada dos usuários (Santos, 2021).

Logo, para proteger os dados pessoais e, por conseguinte, a intimidade, a segurança e a privacidade dos indivíduos, foi formulada a **Lei Geral de Proteção de Dados (LGPD)** – Lei n. 13.709, de 14 de agosto de 2018 (Brasil, 2018).

Essa lei complementa o marco civil estabelecendo garantias ao usuário na rede, como a permissão para uso dos dados e a proibição do compartilhamento com terceiros. Portanto, a LGPD regra o tratamento dos dados obtidos pelas empresas na internet.

> A LGPD somente entrou em vigor na sua totalidade em agosto de 2021. Trata de direitos e deveres sobre os dados digitais e a regulamentação sobre sigilo, privacidade e segurança (Carvalho, 2020).

A referida lei foi inspirada na lei da União Europeia (UE) e busca assegurar maior privacidade aos usuários, determinando regras e sanções na manipulação de dados pessoais dos consumidores por parte das empresas. A lei determina o que são dados pessoais e em quais hipóteses as empresas estão autorizadas a utilizar essas informações, inclusive no tratamento off-line de dados. Define as regras para coleta, manipulação, armazenamento, classificação, utilização, segurança e compartilhamento de dados pessoais. Seu objetivo é dar transparência sobre o tratamento dos dados em empresas, oferecendo ao consumidor o direito de decidir como quer que seus dados sejam utilizados e como deseja se comunicar com as empresas (Tomasevicius Filho, 2021).

Em tempos de produções astronômicas de informações, data science, big data e data mining, o profissional de negócios digitais precisa compreender e refletir sobre os limites para a exploração dos dados. Eis a definição de dado pessoal segundo o Serviço Federal de Processamento de Dados (Serpro, 2022):

> *Se uma informação permite identificar, direta ou indiretamente, um indivíduo que esteja vivo, então ela é considerada um dado pessoal: nome, RG, CPF, gênero, data e local de nascimento, telefone, endereço residencial, localização via GPS, retrato em fotografia, prontuário de saúde, cartão bancário, renda, histórico de pagamentos, hábitos de consumo, preferências de lazer; endereço de IP (Protocolo da Internet) e cookies, entre outros.*

capítulo 3

A manipulação diária de milhares de dados por empresas de tecnologia é tema de debate no mundo todo. Por meio desses dados, as plataformas podem oferecer uma navegação mais adequada às preferências do usuário; as ferramentas de marketing podem estruturar os interesses e o comportamento do usuário, que são as bases de uma identidade digital e, assim, oferecer produtos e serviços de acordo com o perfil detectado. Hoje, esse comportamento faz parte da rotina de usuários e plataformas. A nova lei torna essa relação mais igualitária, de modo que o usuário possa optar em quais plataformas deseja ser rastreado e decidir sobre a utilização de seus dados. A privacidade e a transparência são os valores da LGPD. Quem não respeitar a nova legislação pode sofrer punições, que vão desde advertência a multas na casa dos milhões.

> Como exemplo do mau uso de dados, uma construtora foi multada em 10 mil reais após compartilhar informações pessoais de um cliente sem autorização. Esse cliente comprou um imóvel e passou a receber ligações de empresas de consórcio e instituições financeiras (Paparotto, 2020).

As empresas e os gestores de negócios digitais são obrigados a adequar seus processos a essa lei, principalmente as equipes de marketing e vendas, que trabalham na prospeção e na abordagem de clientes. Nos sites, plataformas e aplicativos têm de apresentar a política de privacidade da empresa, que deve indicar de forma detalhada o tratamento dispensado aos dados do usuário.

Por fim, a **tributação sobre empresas digitais** segue as mesmas regras das empresas tradicionais. Em geral, é realizada de acordo com a natureza do negócio: serviços ou produtos. As empresas que comercializam mercadoria(s) devem pagar o Imposto sobre Circulação de Mercadorias e Serviços (ICMS); aquelas que prestam serviço devem pagar o Imposto sobre Serviços (ISS). Além disso, outros impostos devem ser pagos, como Imposto de Renda de Pessoa Jurídica (IRPJ) e Contribuição Social sobre o Lucro Líquido (CSLL), por exemplo.

O comércio eletrônico com maior parte de sua receita oriunda da venda de produtos tem tributação muito parecida com o comércio físico. A grande diferença refere-se ao imposto estadual, o ICMS. Quando a comercialização é efetuada na loja física, comprador e vendedor estão no mesmo local; por isso, o imposto será devido ao estado onde se realiza a compra. Nas compras on-line, nem sempre vendedor e comprador estão no mesmo estado e, dependendo do caso, o imposto é devido ao estado do vendedor ou do destino da mercadoria (Paparotto, 2020).

Quanto ao enquadramento fiscal, o empreendedor digital pode enquadrar sua empresa no regime tributário mais próximo de sua faixa de faturamento: microempresa (ME), empresa de pequeno porte (EPP) e microempreendedor individual (MEI). De acordo com a legislação vigente, empresas nessas categorias podem optar pelo Simples Nacional e, assim, ter redução da carga tributária, que é simplificada (Mariano, 2020).

Os negócios digitais que transacionam prestação de serviços e têm receita obtida mediante assinaturas, marketplaces, SaaS, IaaS ou venda de anúncios precisam recolher o ISS. Esse imposto é devido pela prestação de serviços efetuada por empresas ou profissionais autônomos. Também conhecido como Imposto Sobre Serviços de Qualquer Natureza (ISSQN), é recolhido pelos municípios (Mariano, 2020).

> Para as empresas que prestam serviços, o enquadramento fiscal pela faixa de faturamento obedece às mesmas regras daquelas que vendem produtos (Mariano, 2020).

A tributação de novas tecnologias tem sido amplamente debatida. É preciso lembrar que a Constituição Federal, que determina a competência de tributação, foi promulgada em 1988, época em que as inovações tecnológicas eram incipientes, e permaneceu praticamente inalterada desde então. A legislação sempre caminha a passos mais lentos do que as transformações da sociedade; por isso, ainda não existe consenso legal de como novas tecnologias devem ser tributadas (Torres, 2022).

O comércio eletrônico é regulamentado por dois instrumentos legais: (1) o Decreto n. 7.962, de 15 de março de 2013 (Brasil, 2013) – apelidada de Lei do "E-Commerce"; e (2) a Lei n. 8.078, de 11 de setembro de 1990 (Brasil (1990b) – designada como *Código de Defesa do Consumidor* (CDC). Essa legislação se aplica a todas as modalidades de comércio eletrônico e vendas não presenciais, incluindo lojas virtuais, redes sociais e marketplaces.

A Lei do E-Commerce e o CDC regulamentam as transações realizadas entre lojas virtuais e seus clientes. Entre as determinações de ambos, destacamos a clareza das informações e o direito de arrependimento do consumidor. Este último consiste na possibilidade de devolução do produto adquirido fora do estabelecimento comercial sem qualquer desconto na restituição do valor pago ou cobrança maior, no período de até sete dias úteis, contados do recebimento do produto. O descumprimento da Lei do E-commerce pode acarretar aplicação de diversas penalidades (Agec, 2023).

3.7 Cadeia de suprimentos no e-commerce

O comércio eletrônico cresceu e se tornou um segmento muito lucrativo. Só no Brasil, de acordo com a Neotrust (2021), o e-commerce registrou faturamento de 161 bilhões de reais em 2021, uma alta de 27% em relação a 2020. Um dos fatores desse crescimento foi a pandemia de coronavírus, que, apesar da tragédia humanitária (e nunca podemos deixar de colocar isso em primeiro plano), gerou um aumento significativo na base de clientes e usuários digitais. Somente nesse período, o comércio eletrônico aumentou sua base de usuários em 70%. Para ilustrar essa informação, em condições normais, levaria 10 anos para se ter o incremento no número de novos usuários que foram atingidos no referido momento histórico (Fiori, 2020).

Essa expansão atraiu grandes players para o segmento e fomentou a cadeia de fornecimento de soluções para e-commerce. Como todo segmento que envolve cifras altíssimas, um ecossistema e uma cadeia de suprimentos foram desenvolvidos para deixar o comércio eletrônico mais rentável, com uma melhor taxa de conversão e com melhores processos logísticos.

Muitas dessas evoluções se devem às plataformas de e-commerce, que têm aberto suas APIs de integração para softwares e aplicativos desenvolvidos por outras empresas que oferecem novas soluções e inovações. As integrações vão melhorando os processos de compras e atuam em todos os setores do e-commerce, como performance e velocidade, inteligência artificial, novas modalidades de pagamentos, além de soluções de atendimento e marketing.

A cadeia de suprimentos para o comércio eletrônico ultrapassa a compra e venda de produtos e serviços por meios digitais. Entre os fornecedores, estão parceiros estratégicos, como serviços de infraestrutura e servidores, desenvolvedores, marketing e meios de recebimento e gestão de pagamento. Essas entregas são dinâmicas, e fornecedores da cadeia de e-commerce precisam estar atentos às mudanças do setor. Certos recursos que são essenciais em um momento podem rapidamente ser substituídos ou se tornar obsoletos na velocidade da mudança tecnológica.

Ao profissional de e-commerce cabe conhecer essa cadeia para entender quais ferramentas serão utilizadas e se os recursos ofertados estão de acordo com o planejamento e os investimentos da empresa. Entre os principais serviços da cadeia de suprimentos do comércio eletrônico, figuram:

- plataformas de e-commerce;
- meios de pagamento;
- sistemas antifraude e gerenciadores de risco;
- ERPs;
- gestão de atendimento e comunicação com o cliente;
- aplicativos ou hubs de integração com marketplaces;
- CRMs e vendas;

- ferramentas de auxílio à precificação e comparadores de preço;
- empresas de marketing e performance;
- logística.

A seguir, detalharemos cada um desses serviços.

3.7.1 Plataformas de e-commerce

Como já mencionamos, tais plataformas são softwares que gerenciam e disponibilizam os recursos para o bom funcionamento de uma loja virtual, além de outros recursos do comércio eletrônico, como o social commerce e a venda em marketplaces.

A escolha da plataforma correta para o modelo de negócios é determinante para o sucesso. Não existe a plataforma ideal, razão por que é precisa analisar qual tem maior aderência ao modelo de negócio e um melhor custo-benefício, de acordo com os objetivos estipulados para a loja virtual. Entre os recursos disponibilizados, estão as integrações com outras ferramentas, como meios de pagamentos, marketplaces, mídias digitais e todas as novas aplicações e inovações desenvolvidas para o funcionamento mais rentável de um e-commerce.

As plataformas no modelo SaaS oferecem também serviços de hospedagem e infraestrutura, e esse modelo tem sido o mais utilizado para se iniciar uma operação no comércio eletrônico. Outras possibilidades, como o desenvolvimento de plataformas ou o modelo open source, podem ser consideradas.

> A principais plataformas de e-commerce do Brasil são: Vtex, Nuvem Shop, Tray, Loja Integrada, Shopify, Magento, Woocommerce e OpenCart.

3.7.2 Meios de pagamento

Os meios de pagamento para o e-commerce têm evoluído e tornado a experiência de compra mais rápida, agradável e segura para o cliente. É possível realizar pagamentos com Pix, cartão de crédito, boleto e transferência bancária. Para clientes cadastrados, o pagamento de uma compra pode ser efetuado com apenas um clique, com segurança e garantia de devolução do dinheiro caso o pedido não seja atendido.

Essas facilidades foram desenvolvidas graças à concorrência entre as empresas provedoras dos diversos meios de pagamento que podem ser habilitados em uma loja virtual.

> Os meios de pagamento mais utilizados no e-commerce brasileiro são: Cielo, Rede, Mercado Pago, PagSeguro e Paypal.

As diferenças entre meios de pagamento, bandeiras, adquirentes, subadquirentes e fluxo da transação financeira serão abordadas mais adiante.

3.7.3 Sistemas antifraude e gerenciadores de risco

Além das empresas de meios de pagamento, se a loja virtual optar por adquirentes, outro fornecedor importante de serviços serão os gerenciadores de risco e os sistemas antifraude. Estes estão incumbidos de avaliar o score do comprador e analisar se a venda pode ou não ser uma fraude. Um sistema antifraude, por óbvio, ajuda na prevenção de fraudes e golpes e na identificação de compras suspeitas com potencial de gerar grandes prejuízos.

> Os sistemas antifraude mais utilizados no e-commerce são Konduto e Clearsale.

Outra possibilidade para sistemas antifraude em lojas virtuais é o uso de sudadquirentes, que já disponibilizam sistemas antifraude em suas soluções.

3.7.4 ERPs

No comércio eletrônico, os ERPs são muito utilizados para auxiliar no gerenciamento de atividades, rotinas e processos. O software de ERP integrado a uma plataforma de e-commerce centraliza todas as informações e auxilia na gestão de vendas, estoques, logística e emissão de notas fiscais, além de organizar o fluxo de processos de vendas e emissão de mercadorias.

Os ERPs podem ter diversos recursos e funcionalidades, como especificamos no capítulo anterior. Podem ser contratados por módulos. Existem soluções para diversas realidades e investimentos.

3.7.5 Gestão de atendimento e comunicação com o cliente

O comércio eletrônico exige uma comunicação rápida e precisa com o cliente. Por isso, muitas empresas desenvolveram soluções de atendimento para os canais de comunicação: chat, WhatsApp, e-mail, SMS e redes sociais, com intermédio de chatbots ou atendentes tradicionais. As principais vantagens dos atendentes virtuais são a centralização da comunicação, diminuindo as reclamações e melhorando a conversão de vendas. As boas plataformas de e-commerce oferecem integrações com aplicativos que fazem a gestão do atendimento e da comunicação com o cliente.

3.7.6 Aplicativos ou hubs de integração com marketplaces

Para a viabilidade de um comércio eletrônico, é essencial uma boa estratégia para atuar em marketplaces. Independentemente da estratégia adotada, a gestão do e-commerce precisa estar integrada aos canais de vendas. A integração entre a plataforma de e-commerce e os marketplaces pode ser disponibilizada pela própria plataforma, mediante APIs de integração ou pelos chamados *hubs de integração*, que conectam a plataforma de e-commerce aos marketplaces.

O hub de integração é um recurso que facilita a gestão de vendas em marketplaces, agilizando rotinas como o cadastro de produtos e a gestão dos estoques e dos pedidos. Essa integração é importante, pois permite a gestão das vendas e dos estoques em um único painel. Para ilustrar, imagine um e-commerce que participa de vários marketplaces sem integração; nesse caso, o gestor do e-commerce precisa atualizar os estoques nas diversas plataformas a cada venda, o que torna inviável a operação e o expõe a um enorme risco de erro.

Existem vários hubs de integração e APIs para a conexão entre plataformas de e-commerce e marketplaces, mas a integração só pode ser efetivada se a plataforma disponibilizar os recursos necessários para a integração.

> Entre os hubs mais utilizados no comércio eletrônico, estão: PluggTo, Anymarket e SkyHub.

3.7.7 CRMs e vendas

No e-commerce, uma gestão ágil de clientes e vendas facilita o relacionamento e aumenta as chances de fidelizar o consumidor. Além dos tradicionais sistemas de CRM, a cadeia de fornecimento do e-commerce conta com sistemas para auxiliar a gestão de todo o processo de venda. Existem aplicativos para o gerenciamento de trocas de mercadorias, ferramentas de inteligência artificial para oferecer produtos que estejam de acordo com o perfil e o comportamento do cliente, recursos para coleta de opiniões e sugestões sobre produtos, notificações das etapas da venda e de entrega em tempo real via WhatsApp, aplicativos de programas de afiliados, cashback e programas de assinatura.

Algumas plataformas já contém esses recursos, outras disponibilizam APIs de integração com softwares ou aplicativos que executam essas funções. As APIs para integração são importantes na implementação de diversas funcionalidades e permitem uma constante inovação nos recursos das lojas virtuais.

3.7.8 Ferramentas de auxílio à precificação e comparadores de preço

A concorrência de preços se apresenta na sua forma mais feroz na internet. Com a facilidade de comparação de preços do mesmo produto ou de produtos similares, o consumidor pode realizar ou não uma transação por diferença de centavos, principalmente em marketplaces, nos quais a comparação tende a ser muito simples e clara.

Para minimizar os esforços dos empresários nessa concorrência, foram desenvolvidos aplicativos que auxiliam na formação do preço e na comparação com o preço de produtos idênticos entre lojas virtuais. Com isso, o gestor pode tomar decisões mais acertadas e adotar estratégias de promoção de produtos e ofertas com base nos custos e nas informações do mercado.

> Existem sites que oferecem ao consumidor a comparação de preços na internet, e os mais acessados são Zoom, Buscapé e Google Shopping.

3.7.9 Empresas de marketing e performance

Para melhorar o tráfego de usuários de uma loja virtual, uma das estratégias adotadas para atrair mais visitantes são as mídias digitais. A execução dessas atividades requer conhecimento de ferramentas como Google Ads e dos recursos de publicidade das redes sociais. Para tanto, a loja virtual precisa investir em prestadores de serviços de marketing digital e geradores de tráfego ou performance. Podem ser agências e empresas especializadas ou profissionais terceirizados como freelancer, de acordo com a estratégia e o orçamento do projeto. Alguns e-commerces optam por internalizar essas funções, tendo em seu quadro profissionais dedicados a essa atividade.

Outros prestadores de serviço para comércio eletrônico são designers, desenvolvedores e consultores especializados em logística, produtos, tecnologia e processos, por exemplo.

3.7.10 Logística

A logística é composta da armazenagem dos produtos, dos processos de expedição e da entrega da mercadoria. É um dos principais elos da cadeia de suprimentos de um e-commerce. Em um país continental como o Brasil, o preço do frete e o tempo de entrega é o segundo fator de decisão de compra, atrás somente do preço.

Um bom gerenciamento logístico é fundamental para o sucesso de um comércio eletrônico, pois envolve controle de estoque, embalagem e estratégias de frete e entrega. Para auxiliar na gestão dos sistemas logísticos, muitos aplicativos têm apresentado soluções como monitoramento de transportadoras, rastreio das mercadorias, sistemas de cotação integrados com várias transportadoras, sistemas de logística reversa e coleta/entrega personalizada. Softwares também ajudam no gerenciamento do armazenamento e no controle dos estoques.

Uma das estratégias de logística para o comércio eletrônico é o fullfilment, uma espécie de terceirização dos serviços logísticos. Nele, processos como estocagem, emissão dos pedidos, envio e entrega das mercadorias são executados por uma contratada.

Muitas empresas têm adotado o fullfilment como solução logística. Os marketplaces também oferecem essa possibilidade para lojistas. Nesse formato, a loja disponibiliza seus produtos, que ficam estocados em um centro de distribuição (CD) do marketplace, e este fica responsável pelo envio e pela entrega das mercadorias. Essa medida agiliza as entrega, que, em alguns casos, é efetuada no mesmo dia, com preços mais atrativos, aumentando as vendas.

> Os canais de marketplace como Magalu e Mercado Livre adotam e disponibilizam o fullfilment a seus vendedores parceiros.

Algumas soluções que podem ajudar no processo de logística são o uso de aplicativos de entregas por motoboy para entregas regionais ou de lockers, que são pontos de retirada de mercadorias. Os lockers podem ser armários inteligentes equipados com chaves de abertura com códigos ou simplesmente pontos de retirada de mercadorias, como bancas de jornais ou comércios.

3.8 Negócios disruptivos, startups e inovação

O avanço da tecnologia permitiu a criação de modelos de negócio que em pouco tempo se tornaram essenciais para a economia. No ambiente digital, a inovação, com as novas ideias para a resolução de um problema, se tornou parte da rotina das empresas.

> Um modelo de negócio é o modo como a empresa funciona, gera valor ao cliente e obtém seus lucros.

No livro *O dilema da inovação* (2019), Clayton M. Christensen cita a **inovação disruptiva** como uma ação que estabelece novos cenários nos mercados, eliminando concorrentes e constituindo novas regras. Para o autor, um negócio inovador soluciona uma necessidade real, essa resolução facilita ou melhora a vida do cliente, e ou melhor e uma empresa (ou empreendedor) deve dedicar todo o seu esforço organizacional para elaborar soluções com essa lógica (Christensen, 2019).

Empresas que conseguem desenvolver tais soluções são percebidas como inovadoras, e em alguns casos essas inovações chegam a revolucionar o mercado ou o modelo de negócios em suas áreas de atuação. Empresas que se propõem a romper barreiras são chamadas de *disruptivas* ou com modelos de **negócios disruptivos**.

Segundo o dicionário Michaelis (Disrupção, 2023), *disrupção* é o "ato ou efeito de romper" ou a "quebra de um curso normal de um processo". Esse conceito tem promovido uma verdadeira mudança na forma de ver os negócios. Para que um negócio seja considerado disruptivo, novos mercados, novos processos ou novos hábitos de consumo precisam ser implementados.

Diversos modelos de negócio podem servir como exemplo de empresas disruptivas, como aquelas que empregam tecnologia para gerar valor a seus clientes, entregando soluções com mais transparência, facilidade e melhores preços.

> Um exemplo é a Uber, empresa estadunidense que instaurou uma modalidade de transporte urbano, com grande base tecnológica, que se utiliza de um aplicativo de smartphone para unir motoristas e passageiros, monetizando com uma porcentagem do valor pago por esse transporte.

O modelo de negócio da Uber mudou o paradigma de setores tradicionais da economia de mobilidade urbana. O conceito foi tão disruptivo que afetou setores tradicionais da economia, como transporte urbano, ônibus, táxis, aluguel de automóveis. Além disso, alterou o comportamento de milhões de pessoas e impactou a indústria automobilística ao impactar a compra e venda de automóveis.

> Caso semelhante da Uber é o da a Airbnb, que conecta locatários a imóveis de temporada, solução que revolucionou o mercado hoteleiro e de locação de imóveis, causando uma verdadeira ruptura no setor.

A criação de telas sensíveis ao toque revolucionou a forma como celulares, tablets, computadores e televisores são utilizados. Nesse contexto, a Apple se apresenta como empresa inovadora e desenvolvedora de negócios disruptivos. Outras empresas conseguem ser ainda mais agressivas em seu modelo de disrupção e buscam tecnologias que podem romper a estrutura do mundo dos negócios, como os carros autônomos da Tesla e as moedas virtuais bitcoins. Outras áreas, como robótica, inteligência artificial, internet das coisas e nanotecnologia, também são candidatas a romper os modelos tradicionais de negócios.

Grande parte dessa mudança e disruptura com modelos tradicionais se deve à inovação empregada em modelos e processos de novos negócios. Todavia, isoladamente, a utilização de novas tecnologias não indica que uma empresa seja inovadora. A gestão de negócios digitais tem a influência de uma cultura digital com uma mentalidade mais conectada, globalizada, com pensamento voltado ao ganho em escala, à maior interação entre os setores da empresa e a uma maior disposição ao risco. Novos modelos de negócios disruptivos são caracterizados por uma mentalidade vinculada à cultura digital e estão revolucionando o mercado, oferecendo soluções com foco no usuário e deixando produtos e serviços mais acessíveis a um público maior.

A criação de negócios disruptivos é mais comum em empresas que já iniciam suas operações buscando esse fim. Nas organizações tradicionais, é comum haver resistência a inovações muito drásticas, pois os processos já estão estabelecidos e os lançamentos podem impactar no modelo de negócios. Grandes corporações podem ser mais morosas para criar soluções, mesmo dispondo de capital e estrutura para investimento. Assim, nessas empresas, o mais comum é implementar apenas inovações incrementais.

Negócios disruptivos podem envolver a criação de um novo mercado quando se identifica uma demanda relacionada a altos preços ou produtos muito complexos. Logo, pode haver uma ruptura, com o desenvolvimento de um produto mais simples ou com custo inferior e que atenda às necessidades do mercado (Christensen; Johnson; Rigby, 2002).

As **startups** têm sido as grandes responsáveis pela inovação e pela busca por negócios disruptivos. Têm foco em um rápido crescimento e grande base de tecnologia. Apresentam ao mercado soluções inovadoras com custos menores do que empresas tradicionais. Portanto, têm criado negócios disruptivos e tecnológicos, que transformam diversos mercados, aumentando produtividade e eficiência. O modelo de negócio de rápido crescimento tem sido objeto de estudo nas organizações e nas grandes empresas que buscam formas de se integrar a esse novo modelo.

A forte conexão das startups com a cultura digital se reflete em processos ágeis, uma hierarquia descentralizada, muita integração entre departamentos, comportamento de inovação, interação com ferramentas web e mercado globalizado. As startups buscam um modelo escalável ligado a extremas condições de incerteza. O segmento tem crescido tão rápido que, hoje, as startups são identificadas de acordo com o nicho de atuação; há, por exemplo, as fintechs, legaltechs, edtechs, que aplicam a tecnologia em áreas como finanças, direito e educação, respectivamente.

O conceito começou a se estabelecer no fim dos anos 1990, período da bolha da internet. No novo formato, um grupo de pessoas trabalha com uma ideia diferente, ligada à inovação e que pode gerar bons lucros. Startup também pode ser entendida como uma empresa inovadora com baixos investimentos em manutenção que busca crescer rapidamente, gerando lucros cada vez maiores.

A definição mais atual e a que melhor satisfaz investidores e especialistas é aquela do Serviço Brasileiro de Apoio às Micro e Pequenas Empresas (Sebrae, 2022): "Uma empresa que nasce em torno de uma ideia diferente, escalável e em condições de extrema incerteza" (Sebrae, 2022).

capítulo 3

Além disso, o termo sempre foi aplicado, nos Estados Unidos, ao ato de iniciar uma empresa e começar suas operações. Logo, por essa lógica, qualquer empresa em seu período inicial pode ser considerada uma startup.

Para se destacar no mercado, as startups precisam apresentar ideias inovadoras e formas simples de solucionar problemas da sociedade, primando por um modelo de rápido crescimento.

> A essência das startups é a velocidade de crescimento e de inovação. Essas empresas formulam novas maneiras de operar, novos processos e novos modelos, quase sempre baseados em tecnologia. Crescer rápido é mais que um desejo, é uma necessidade, já que empresas baseadas em tecnologia precisam disponibilizar e escalar suas inovações rapidamente sob o risco de serem engolidas por novas tecnologias, ter seu espaço tomado ou encontrar concorrência com outra empresa que desenvolveu uma solução parecida.

O modelo das startups difere do tradicional pela possibilidade constante de empresas e pessoas investirem. Nessa lógica, é possível captar investimentos com regularidade. Esse modelo também é chamado de **nova economia**. Startups iniciam suas atividades, em geral, com investimento do proprietário e logo em seguida buscam capital para crescer.

O rápido crescimento demanda novos investimentos num ciclo que se repete. As rodadas de investimento, normalmente, são numeradas em séries alfabéticas; as grandes empresas podem chegar a várias rodadas e até à abertura de capital, conhecida como IPO (Initial Public Offering, ou oferta pública inicial). Nesse modelo da nova economia, os investidores vendem suas participações para investidores com maior poder de capital, recebendo o lucro por seu investimento. Diferentemente de um modelo tradicional, em que um investidor se torna sócio da empresa, na nova economia, ele adquire ações com o propósito de vendê-las com lucro para outros investidores. Eis aí uma das razões da necessidade de crescimento acelerado.

Para facilitar a identificação e as oportunidades de investimento, os fundos de capital de risco passaram a dividir as startups por estágios. Como as startups são empresas de rápido crescimento, a evolução desses estágios é percebida e acompanhada de forma mais evidente do que em empresas tradicionais. De forma geral, os estágios de uma startup são ideação, operação, tração e escala. Detalharemos cada um deles a seguir.

3.8.1 Estágios de uma startup

O estágio de **ideação** é o mais básico e geralmente consiste na ideia principal do negócio. Ideias são apenas conceitos quando não aplicadas, mas, se colocadas em prática, são capazes de revolucionar o mercado. Para se criar uma startup, o primeiro passo é formular e destrinchar uma ideia ou a identificação de um problema e da solução para esse desafio, para um grupo de potenciais clientes. Startups são, geralmente, um modelo de empresa que o processo de inovação se dá por meio da análise das necessidades dos clientes e de como o mercado pode atendê-las. O desafio desse estágio é compor um Mínimo Produto Viável (MVP; em inglês Minimum Viable Product) para testar no mercado.

O segundo passo é a experimentação do modelo de negócio, ou seja, a **operação**. Ela é fundamental para avaliar a aceitação do produto ou serviço. Nesse caso, o público-alvo e a capacidade de articulação entre pesquisa e execução demonstrarão quais são as chances de sucesso. Nesse estágio, os objetivos são satisfazer os clientes e melhorar os processos, eliminando as possíveis falhas do MVP. É a oportunidade de a startup adaptar o produto/serviço a seu público.

Os estágios de **tração** e **escala**, na maioria das vezes, ocorrem em paralelo, com vistas ao ganho em escala e o crescimento da startup. Tração e escala são objetivos de uma startup desde sua ideação, e o modelo de negócio e o planejamento devem ser constituídos para a escalabilidade, gerando mais lucro para a organização.

Tracionar significa conquistar clientes e mercados. A tração demanda investimentos em marketing, em geral nas mídias digitais, para se alcançar novos clientes. O indicador de tração é uma das medidas de sucesso de uma startup, pois permite mensurar o provisionamento da escalabilidade da empresa. Esse indicador refere-se ao custo de aquisição de cada cliente, desejando-se que esse custo se mantém constante ao longo do tempo. Dessa forma, significa dizer que, em hipótese, se a empresa investir R$ 10,00 para conquistar um cliente, ao investir R$ 10 milhões, terá 1 milhão de clientes. Esses números permitem calcular a rentabilidade da empresa. Esses cálculos de tração são interessantes para atrair investidores e a abertura de rodadas de investimento.

A escala, ou escalabilidade, é característica de empresas que crescem de maneira proporcional; seu lucro aumenta na medida em que cresce sua base de clientes ou de receita. Escalar uma empresa é impulsionar suas atividades para o maior número de clientes possível. Nos modelos de novos negócios, isso é viabilizado pelo apoio de base tecnológica, que permite crescer consideravelmente em quantidade de clientes sem grandes investimentos na capacidade de atendimento.

> Analogamente, imagine um estabelecimento físico, como uma loja de roupas, cujos proprietários pretendem aumentar sua base de clientes. No modelo tradicional, essa empresa provavelmente terá de fazer um grande investimento em ampliação dessa loja ou na abertura de uma filial.

O objetivo do ganho em escala é fazer as receitas crescerem sem aumentar, ou aumentando minimamente, os custos. Startups com grandes possibilidades de escala conseguem atrair melhores investimentos de capitais.

Segundo a Organização para Cooperação e Desenvolvimento Econômico (OCDE, citada por Santos, 2018), para uma empresa ser classificada como escalável, precisa apresentar crescimento mínimo de 20% ao ano por três anos consecutivos. Toda startup pode ser escalável. Em busca dessa escala, as startups investem na tração de seu negócio por meio de marketing digital. Portanto, tracionar, nesse mercado, é atrair e fidelizar novos consumidores para gerar mais receita.

Como já mencionamos, as startups podem passar por rodadas de investimento, em especial as que apresentam grandes ideias ou um grande crescimento. Investimentos são necessários principalmente nos estágios de tração e escala. As empresas que conseguem uma avaliação de mais de US$ 1 bilhão antes de sua abertura de capital na bolsa de valores passam a ser conhecidas como *startup unicórnio*.

Startup unicórnio

São as startups que atingem um valor de mercado de mais de US$ 1 bilhão antes de seu IPO.

> O termo startup unicórnio nasceu no ano 2013 quando o fundador da Cowboy Ventures, Aillen Lee, [sic] o descreveu como empresas eram valorizadas em mais de 1 bilhão de dólares sem terem capital na bolsa de valores.
>
> Essas empresas são caracterizadas pela raridade e a dificuldade de valorização, principalmente para negócios emergentes no mercado. Então, os unicórnios são as empresas que passaram por desafios e chegaram até o décimo dígito. (Amorim, 2022)

O que caracteriza uma startup unicórnio é a disrupura no mercado a que ela pertence. Empresas como Uber, Netflix e Nubank revolucionaram seu setor de atuação. No Brasil, a startup 99 foi a primeira empresa com o status de unicórnio, atingido em 2018, quando foi adquirida por um grupo chinês por US$ 1 bilhão.

De acordo com a CB Insights (2022), existiam, em 2019, mais de 325 unicórnios no mundo. E esse número deve crescer muito devido ao aumento do uso de tecnologia acelerado pela pandemia do coronavírus. As novas tecnologias impulsionam cada vez mais a disrupção e o surgimento de novos modelos de negócio. Todos os dias surgem empresas que praticam uma inovação e impactam o modo como a sociedade faz negócios.

3.8.2 Startups techs, a segmentação de um modelo de negócio

As startups aplicam a tecnologia em áreas como bancos, escolas e transportes, e dessa aplicação surgiram suas segmentações.

> O segmento de uma startup passou a ser identificado pelo próprio nome do segmento em inglês mais a terminação *tech*. Nessa nova classificação corporativa, figuram as fintechs, legaltechs, edtechs e outras empresas que aplicam a tecnologia em suas áreas de atuação.

Outro termo empregado no mundo das startups é *spin-off*. Importado do mundo do cinema, representa o conceito de um personagem que é secundário e pode se destacar; posteriormente, é produzido um filme somente para contar sua história. Essa abordagem passou a ser utilizada no mundo corporativo na década de 1960 para designar organizações que apostam em outras empresas ou produtos derivados de um negócio principal. Esse modelo se mostrou muito vantajoso para as grandes corporações com o surgimento das startups, que conseguiram aliar conhecimento e estrutura com velocidade de crescimento e escalabilidade. Com isso, uniram a tradição e a confiança de seu modelo de negócio à inovação e à tecnologia.

Edtech

Um setor que tem se beneficiado das transformações digitais é o da educação. Empresas que desenvolvem soluções de tecnologia e inovação para esse mercado são identificadas como edtechs – abreviação do termo *educational* mais o sufixo *tech*.

Os negócios desse ramo são baseados em desenvolvimento de softwares para escolas, universidades e de aplicações que facilitam o aprendizado em outras esferas. Entre os principais modelos de negócio, estão plataformas de ensino, jogos educacionais e cursos on-line. Instituições governamentais e organizações sem fins lucrativos investem em edtechs a fim de dispor de ferramentas que melhorem os índices educacionais. Algumas edtechs são spin-offs de empresas educacionais ou grandes corporações que perceberam, nesse modelo de negócio, ótimas oportunidades de crescimento e lucro.

A visão de inovação das startups dá vazão a alternativas para tornar o ensino e a aprendizagem mais eficientes. Novas plataformas, métodos e processos têm proporcionado aprendizado mais rápido e com maior retenção de conteúdo. Esse trabalho envolve conhecimento do setor, criatividade, inovação e tecnologia. As edtechs desenvolvem soluções focadas nos desejos e nas necessidades dos usuários (Savarese Neto, 2019).

A maioria das edtechs tem um modelo de negócio altamente escalável, como o ensino a distância, os cursos on-line e as mentorias a distância. Sua forma de monetização pode ser por SaaS, anúncios ou marketplaces. Geralmente, esse modelo de negócio trabalha gerando receita mediante uma assinatura recorrente.

As edtechs têm importância estratégica para o país, principalmente por disseminar o acesso à educação, já que torna mais acessível ao usuário o conteúdo de vários níveis de ensino (educação básica, técnica e superior). Também propagam o conhecimento específico, como matemática, idiomas e programação. As empresas desse segmento são importantes por tornar a aprendizagem mais eficiente. Isso é alcançado pelo uso de metodologia pedagógica compatível com a lógica da internet, o que otimiza o tempo despendido com o ensino e promove a absorção do conteúdo pelo aluno de modo bastante favorável.

Ademais, as edtechs podem estimular o interesse das pessoas pelo aprendizado, já que oferecem soluções criativas para motivar o usuário. Isso se mostra muito relevante no contexto nacional, em que o sistema educacional sofre com a burocracia, a obsolescência, a falta de estrutura física e a carência de professores qualificados.

E-training

A tecnologia facilitou o acesso à educação e a diferentes conteúdos voltados ao aprendizado mediante cursos on-line, e-books, vídeos nas plataformas de streaming e recursos de realidade aumentada ou realidade virtual. Empresas têm aproveitado essas inovações para facilitar o aprendizado e o treinamento de seus colaboradores, em um processo denominado *e-training*.

No mundo corporativo, treinamentos são fundamentais para que os funcionários aprimorem o desempenho e alcancem melhores resultados. Com os programas de treinamentos digitais, as empresas incentivam a busca do conhecimento, preparando as equipes para o exercício de suas funções. Nessa proposta, os colaboradores dedicam parte de sua jornada a programas de e-training por meio de cursos livres on-line, lives, webinars e vídeos disponibilizados nas plataformas. Cabe aos gestores elaborar um programa de e-training adequado à rotina de trabalho e que motive as pessoas para o aprendizado e o conhecimento.

Nos programas de e-training, a empresa pode produzir conteúdos personalizados, usar materiais existentes na internet, ou fazer uma combinação desses conteúdos. O programa precisa ser dinâmico e interativo para prender a atenção da pessoa em treinamento, estimulando seu engajamento. Para isso, podem ser usadas técnicas de gamificação, inclusive oferecendo recompensas, como prêmios ou bônus financeiros para os colaboradores que obtiverem os melhores resultados.

As principais vantagens do e-training são: a otimização do tempo; o baixo custo de implantação; a possibilidade de se fazer treinamentos personalizados; a melhora de processos e rotinas. Os efeitos mais comuns são a redução do absenteísmo e a obtenção de resultados mais satisfatórios (Rohr, 2022).

Lawtech e legaltech

O segmento jurídico tem se mostrado muito promissor para o mercado de tecnologia e inovação com as lawtechs e legaltechs. Esses termos são a junção da abreviação de *legal technology* ou *law technology*, que designam desenvolvedoras de soluções de tecnologia para o setor jurídico.

Na prática, essas empresas oferecem soluções para a rotina dos advogados e apresentam meios para conectar e facilitar a atuação do Poder Judiciário. Entre as inovações promovidas pelas legaltechs, estão os sistemas de gestão para o setor, as plataformas de automação e gestão de documentos e as ferramentas de inteligência artificial para facilitar pesquisas de processos e códigos de leis.

> No Brasil, a expansão do mercado se deve a dois fatores principais: o avanço na modernização do setor jurídico (processos e peticionamento eletrônico são alguns exemplos) e a formação de novos advogados a cada ano. Esses jovens advogados lidam melhor com a tecnologia do que as gerações anteriores, manifestando melhor aceitação do processo de modernização (Aurum, 2021).

Algumas lawtechs e legaltechs apresentam soluções de big data, que processam dados de maneira muito rápida, o que reduz o tempo dedicado a pesquisas e consultas a bancos de dados. O objetivo dessas empresas é que a tecnologia torne mais céleres os processos, mitigue falhas e contribua para uma sociedade mais justa.

> Para criar uma lawtech de sucesso, é imprescindível investir em tecnologia, porém, mais do que isso, é necessário ter conhecimento sobre as particularidades e as oportunidades de melhoria no meio jurídico.

Um dos pontos de mais atenção e polêmica no mercado de tecnologia para a área jurídica é o emprego de ferramentas de inteligência artificial e machine learning. Estas podem conferir agilidade para o setor, pois o conjunto de algoritmos pode substituir o trabalho humano em determinadas tarefas, no caso advogados ou outro profissional do direito. Outra possibilidade é a utilização da inteligência artificial para auxiliar nas decisões desses profissionais e otimizar parte de seu trabalho, abrindo espaço para atividades estratégicas e para um atendimento mais atencioso ao cliente (Inteligência..., 2019).

Um dos empregos da inteligência artificial, em desenvolvimento na Estônia, se dá em decisões judiciais de causas de pequeno valor e mais simples, liberando os juízes humanos para analisar matérias mais complexas. Nesse caso, os juizados responsáveis pelas causas de menor valor podem se utilizar da tecnologia, e as inovações disruptivas têm o potencial de melhorar o serviço da justiça, deixando o processo mais eficiente, ágil e com maior grau de acerto. Segundo a lógica das startups, há ainda a diminuição de custos com a escala e a redução significativa do número de horas de trabalho humano.

Fintech e aplicativos financeiros

Assim como as edtechs e as legaltechs, as fintechs, combinação de *financial* (finanças) e *technology* (tecnologia), estão revolucionando o setor em que atuam. Não é exagero dizer que estão fazendo uma disrupção no setor financeiro no Brasil. Graças às fintechs e aos bancos digitais, o sistema financeiro está se tornando mais democrático, mais acessível e menos burocrático.

Fintechs são modelos de negócios inovadores que utilizam tecnologia para gerar soluções ao setor financeiro, com baixo custo, imersos em uma dinâmica de crescimento escalável. Dessa forma, têm contribuído para reinventar serviços, desburocratizar processos e tornar produtos mais baratos aos consumidores com a oferta de diversos serviços digitais. Essas startups provocaram uma mudança de paradigma em um mercado antes dominado por poucas empresas (Toro, 2022).

As fintechs oferecem inovações como um banco sem agências bancárias físicas, em que todos os serviços são resolvidos a qualquer hora com o uso de um smartphone.

> Alguns exemplos de fintechs são os bancos digitais Nubank, C6 Bank, Clique Pay e Banco Neon.

Embora o grande destaque desse segmento sejam os bancos digitais, outras soluções inovadoras no setor de produtos e serviços financeiros são:

- meios de pagamento: PagSeguro, Clique Pay, Stone e Picpay;
- crédito ou empréstimo: Lendico, Creditas e Geru;
- crowdfunding: Catarse, Kickante e Benfeitoria;
- criptomoedas: BitCoinGotYou, EwallyCoinBR, CoinBR e Mercado Bitcoin;
- investimentos: Warren, Monetus e PoupaBrasil.

A tendência é que o dinheiro físico, de papel, seja eliminado. Afinal, à medida que os pagamentos com cartões de crédito e débito e as transações digitais avançam, não faz sentido manter milhares de agências bancárias físicas para depositar dinheiro em espécie ou descontar cheques. Afinal, tudo pode ser resolvido pela internet, de pagamentos a transferências, passando por empréstimos bancários e investimentos.

Houve uma rápida mudança no comportamento da sociedade e do sistema financeiro. No início dos anos 2000, quando o internet banking passou a ser uma alternativa às filas de banco, muita gente ficou desconfiada. Duas décadas depois, parece estranho esperar boletos serem enviados pelo correio para, então, fazer o pagamento na agência bancária, perdendo horas em filas e guardando recibos de papel. Um celular e uma conexão com a internet substituem uma infraestrutura que encarece serviços e burocratiza processos. Até mesmo o armazenamento de comprovantes e a consulta ao histórico de transações se tornaram mais fáceis e ágeis.

As inovações tecnológicas promovidas pelas fintechs têm ameaçado o domínio dos bancos tradicionais. Diante disso, essas instituições aumentaram o investimento em tecnologia e em startups do setor. Bancos convencionais perceberam que as novas empresas têm muito a ensinar, principalmente sobre experiência do cliente (Kuviatkoski, 2022).

capítulo 3

> Grandes bancos têm adotado a estratégia de spin-off para conquistar novos clientes. Um exemplo é o coworking Cubo, do Itaú. O espaço conta com mais de 200 startups focadas no empreendedorismo. Outro caso que ilustra isso é o da Caixa Seguradora, que desenvolveu a startup Youse, um aplicativo de seguros voltado ao público jovem e com burocracia reduzida (Kuviatkoski, 2022).

Portanto, as fintechs oferecem soluções financeiras com segurança e agilidade, e isso justifica seu rápido crescimento. Hoje é possível abrir uma conta bancária de modo totalmente on-line, sem precisar ir a uma agência física de banco convencional. Fintechs voltadas a investimento, valendo-se de uma comunicação adequada, apresentar alternativas a seus clientes com segurança, sem a frieza e a impessoalidade das instituições tradicionais do mercado. Algumas possibilitam, até mesmo, investir na bolsa de valores sem cobrar taxas de corretagem. Com isso, pequenos investidores tiveram mais acesso ao mercado, democratizando o setor.

Toda essa mudança também tem exigido uma regulamentação diferente e mais maleável, mas sempre com regulação pautada na segurança dos usuários. O mercado financeiro está em constante evolução, e os órgãos reguladores estão acompanhando essas mudanças. Recentemente, uma decisão do Conselho Monetário Nacional (CMN) permitiu às fintechs conceder empréstimos sem a intermediação de bancos, o que pode representar crédito muito mais barato ao consumidor.

Assim como aconteceu no comércio eletrônico, em que o crescimento da base de clientes aumentou as vendas on-line, o mercado de fintechs também se prepara para um crescimento apoiado em novos usuários, que cada vez mais percebem os benefícios dos serviços, muitas vezes com tarifas mais baixas e menos burocracia.

HRtech

A maneira como as empresas contratam, treinam e gerenciam seus funcionários também sofreu uma profunda transformação digital. Muito dessa mudança se deve à atuação de empresas de tecnologia e inovação no setor de recursos humanos (RH), as chamadas *HRtechs*. O principal objetivo delas é desenvolver soluções que facilitem os processos e diminuam a burocracia do setor, simplificando a operação, de modo a liberar o profissional do segmento para o trabalho mais estratégico. As aplicações, portanto, estão relacionadas ao desenvolvimento de sistemas de gestão e integração de processos, análise de dados e melhor experiência dos funcionários com a empresa. A tecnologia nos processos de RH busca a integração de pessoas e tecnologia.

O setor de recursos humanos mais automatizado reduz as chances de erro em contratações, estimula ações de incentivo aos profissionais e aumenta as possibilidades de contratar profissionais mais qualificados. A internet é hoje uma das formas mais comuns de procurar emprego, e esse cenário impulsionou negócios digitais que põem em contato empresas que ofertam oportunidades de emprego e usuários que buscam uma oferta de trabalho.

Uma plataforma muito popular para quem deseja manter seu perfil profissional visível e ampliar sua rede de contatos é o LinkedIn. Essa plataforma é um misto de rede social, site de empregos e currículo on-line. Profissionais de RH se utilizam desse serviço para o recrutamento e para a oferta de vagas. A plataforma gera receita por meio de anúncios e serviço de assinatura.

Existem outras plataformas que também trabalham exclusivamente na divulgação e oferta de vagas e que facilitam muito o trabalho de recrutadores e candidatos a emprego. Esse mercado tem crescido e se modernizado, com serviços personalizados mediante ferramentas de inteligência artificial.

> No Brasil, as principais plataformas que divulgam ofertas de vagas e currículo de candidatos são: Catho, InfoJobs, Indeed e Trovit Brasil.

Outros modelos de negócio praticados pelas HRtechs são o desenvolvimento de softwares para gestão de RH, sistemas integrados de gestão de pessoas, dispositivos para aquisição e gestão de talentos, automação de processos de RH e otimização de performance. Um bom exemplo é a Skeel, que trabalha com automação e triagem de currículos com o auxílio da inteligência artificial, facilitando e agilizando a análise de tais documentos.

Healthtech

Empresas do setor de saúde que apresentam soluções de inovação e tecnologia são identificadas como *healthtechs*. O termo é a união de *saúde* e *tecnologia* em inglês.

O cenário da gestão de saúde no Brasil é desafiador. Mesmo dispondo de um sistema de saúde que é referência para outros países devido ao acesso e à cobertura universal, o poder público não consegue prestar atendimento a todos e ter infraestrutura de qualidade. Os hospitais registram superlotação frequente, demora nos atendimentos e até prestação de socorro em corredores. Esse quadro e o envelhecimento da população alertam para a necessidade de inovações na forma como a saúde vem sendo gerenciada.

As healthtechs têm empregado muita inovação e tecnologia de ponta para transformar o setor. Compare, por exemplo, uma central que agenda consultas médicas por telefone a uma plataforma ou aplicativo que faça essa tarefa on-line. A central exige mais atendentes e equipamentos, e o aplicativo pode ser utilizado por uma enorme contingente de pessoas entregando uma experiência semelhante a todas elas e com um custo muito mais baixo (Healthtechs..., 2020).

Outras aplicações também vêm sendo praticadas pelas healthtechs, como a digitalização de documentos (prontuários e receituários), facilitando a vida de pacientes e profissionais de saúde. Alguns processos envolvem ferramentas de inteligência artificial para coletar, armazenar, buscar e cruzar dados rapidamente, identificando padrões para a prevenção e o diagnóstico de fatores de risco, que predispõem o paciente a desenvolver uma doença.

Provavelmente, a maior revolução das helthtechs tem sido na utilização da telemedicina, baseada em plataformas próprias. A telemedicina pode eliminar barreiras geográficas, diminuindo os custos das consultas e conferindo mais comodidade para o paciente. Além de consultas e diagnósticos, a telemedicina aliada à robótica pode auxiliar em cirurgias complexas, a distância.

Outras soluções apresentadas são dispositivos de hardware, como pulseiras, relógios e roupas adaptados com sensores programados para o contrle preventivo de doenças. Essa tecnologia permite, mesmo a distância, monitorar sinais como batimentos cardíacos, temperatura, pressão e quantidade de oxigênio no sangue (Bohrer, 2021). Na Suíça, o monitoramento da população idosa é feito diariamente por robôs dotados de inteligência artificial, que controlam as condições de saúde dos pacientes, detectam rapidamente qualquer variação e, se necessário, enviam o diagnóstico a um especialista.

No desenvolvimento de insumos imunológicos, como as vacinas, a nanotecnologia e as nanopartículas têm apresentado ótimos resultados. A tecnologia tem sido a esperança para a cura de doenças que modificam as células, a exemplo do câncer. As healthtechs estão alinhadas à transformação digital e às novas demandas da população. Essas startups têm promovido uma revolução disruptiva no setor e podem, em um futuro próximo, mudar a forma como a sociedade cuida de sua saúde (Healthtechs..., 2020).

Empreendedores têm buscado os negócios digitais para desenvolver novos modelos de negócio e participar do desenvolvimento das soluções. Assim, há segmentações de startups nos mais diferentes empreendimentos (Murça, 2021).

capítulo 3

Figura 3.1 – Modelos de negócios de uma startup

Foodtech: startup do setor alimentício que visa otimizar a cadeia produtiva dos alimentos

Sporttech: startup do setor de esportes

Construtech: startup do setor de construção

Energytech: startup do setor de energia

Fashiontech: startup do setor de moda

Retailtech: startup do setor varejista

Cleantech: startup do setor ambiental, a chamada *startup verde*

Govtech: startup da administração pública

Biotech: startup do setor de biotecnologia

Nanotech: startup do setor de nanotecnologia

Indtech: startup do setor industrial

Proptech ou **imobtech:** startup do setor imobiliário que cria soluções para desburocratizar e facilitar a venda e o aluguel de imóveis

QuoteMaker, DStarky, Lumpenmoiser, Serhiy Smirnov, M-vector, nickfz, Net Vector, gusrijwan, Chippo Medved/Shutterstock

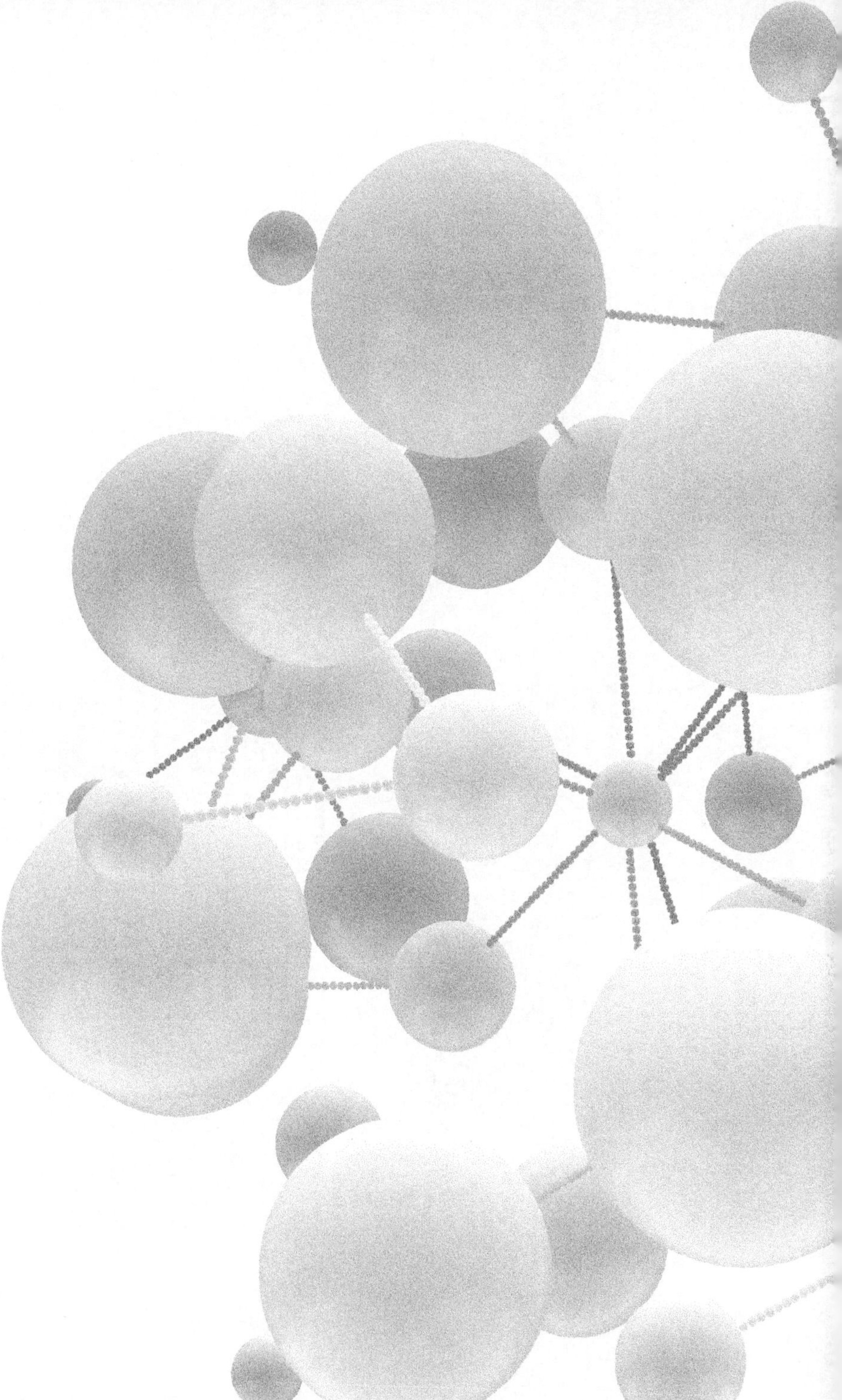

Capítulo 4

A revolução das mídias digitais

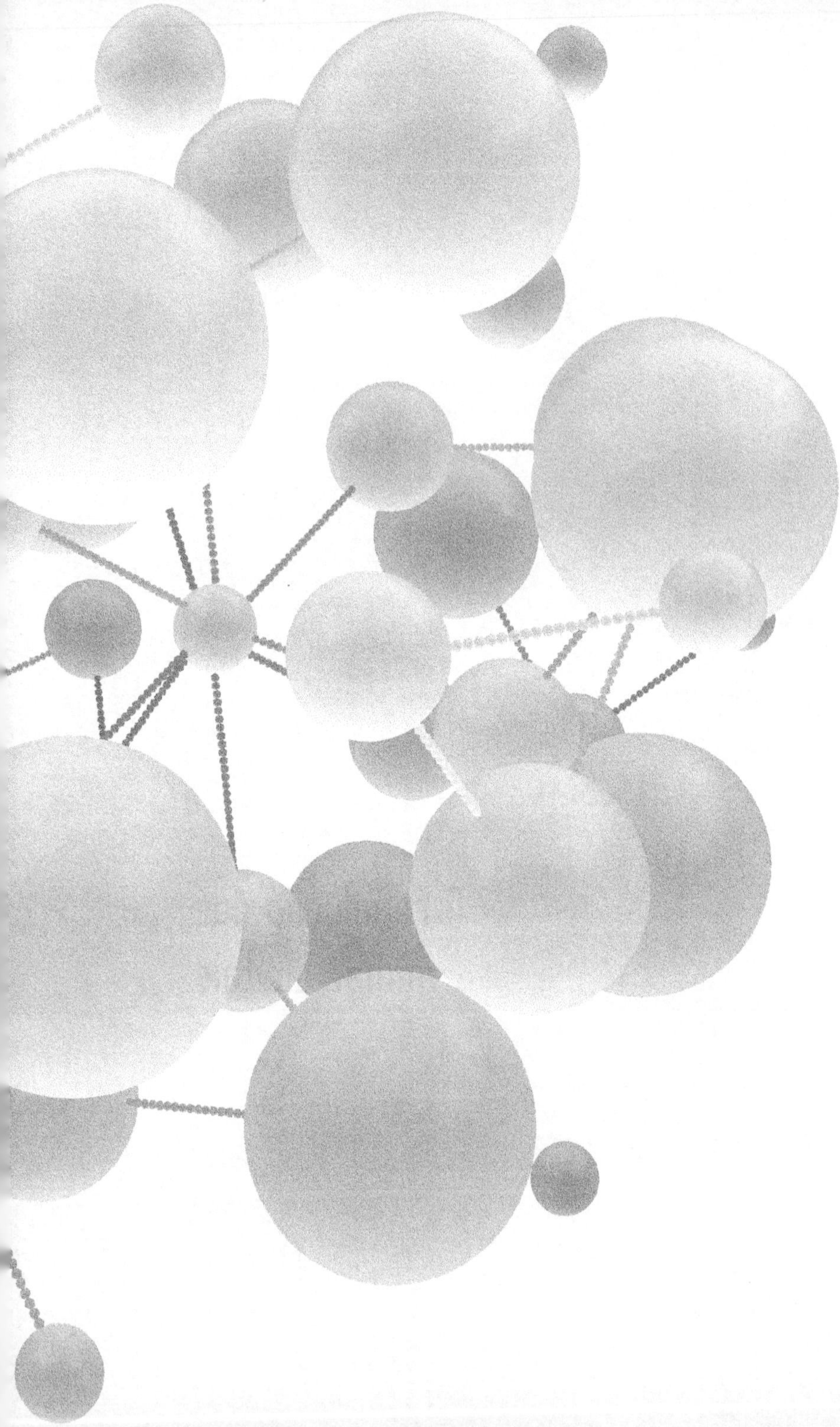

A evolução da tecnologia deixou empresas e consumidores mais conectados, e as mídias digitais têm um papel determinante nessa conexão. O compartilhamento de informações e as novas formas de interagir conquistaram rapidamente milhões de usuários e fizeram as empresas migrar suas estratégias de divulgação para os canais digitais. Esses elementos democratizaram a informação e a possibilidade de divulgação, já que mesmo pequenas empresas podem se utilizar das estratégias digitais, como as redes sociais, para se aproximar de seu público e divulgar seus produtos.

As mídias digitais criaram possibilidades de vendas, como o social commerce, e inovaram processos de marketing, que agora são orientados por algoritmos e pelo engajamento do usuário.

Com a evolução das ferramentas web e a disseminação do uso da internet, é impossível falar de e-business e e-commerce sem mencionar as mídias digitais. Elas fizeram uma verdadeira revolução na forma como as pessoas se comunicam, se informam e interagem. O profissional de negócios digitais precisa estar atento às ferramentas e aos processos que levam a um melhor desempenho nas mídias digitais, pois elas viabilizam aproximar-se de seu cliente e atrair novos consumidores.

A mídia digital é central na contemporaneidade, e seus recursos e aplicações foram apropriados ao cotidiano das pessoas para encontrar um endereço, fazer compras, paquerar, se comunicar, pedir um transporte, se informar etc. Nesse sentido, as mídias digitais têm se tornado o meio mais usual de as pessoas interagirem com o mundo.

As mídias digitais são, em si, modelos de e-business, e empreendedores podem aprender muito com elas. Essas plataformas são lançadas por empresas cuja monetização se dá mediante anúncios, e seus usuários são considerados seus clientes. Muito além do sucesso das grandes redes sociais, outros modelos de negócio, como softwares de e-mail marketing, empresas que fornecem conteúdo para internet, agências de marketing digital e produtores de vídeos, também se apoiam nas mídias digitais. Elas são a grande propulsora das startups e dos negócios digitais por meio da divulgação direcionada de produtos e serviços, tornando possíveis os pequenos modelos de comércio eletrônico.

4.1 Conceito de mídias digitais

A interação com o usuário pelas mídias digitais tem revolucionado o modo como as empresas divulgam e comercializam seus produtos. Vale, então, clarificar o conceito de mídias digitais:

> Mídia digital é todo conteúdo ou veículo de comunicação que se baseia na internet e a utiliza como meio de distribuição. Portanto, ao contrário da mídia analógica (também conhecida como mídia tradicional ou mídia offline), a mídia digital oferece a possibilidade de feedback por parte do receptor. (Patel, 2023a)

Portanto, o termo designa as ferramentas disponíveis para interagir na internet. Quando alguém publica algo em uma rede social, está se comunicando, tornando público um conteúdo.

> São **ferramentas de mídia digital**: redes sociais, aplicativos de mensagem, blogs, sites, campanhas de disparo de e-mails ou mídias em massa, estratégias de conteúdo (content marketing), canais de streaming e vlog, campanhas de anúncios patrocinados em sites de busca, podcasts e marketing de influência.

Todas essas ferramentas têm sido aplicadas para impulsionar os mais diferentes modelos de negócio. Hoje é praticamente impossível que uma empresa se comunique com seus clientes ou divulgue produtos e serviços sem lançar mão dessas ferramentas. Estratégias de divulgação em mídias digitais fazem parte de um bom plano de mídia de qualquer empresa.

> As **mídias digitais** compreendem os dispositivos técnicos, ou seja, recursos e veículos que se propagam pela tecnologia digital. São exemplos: e-book, publicação em rede social, transmissão via streaming, podcast ou qualquer outra forma de conteúdo on-line. As mídias tradicionais, ou analógicas, dependem de um aparato físico, por exemplo: outdoors, jornais, revistas, fôlderes e placas de publicidade.

4.1.1 Classificação de mídias digitais

As mídias digitais podem ser classificadas como mídia própria, mídia paga e mídia ganha (orgânica). Cada uma dessas divisões tem suas características e todas elas são importantes na estratégia de um negócio digital.

A **mídia digital própria** é aquela produzida pela empresa. A internet democratizou muito essa produção de conteúdo; atualmente, mesmo pequenas empresas ou startups recém-criadas conseguem produzir conteúdo de qualidade em canais controlados pela empresa (site ou loja virtual, blog, redes sociais, canal em plataformas de vídeo, podcasts ou aplicativo).

Apesar de serem mídias próprias, o conteúdo produzido e gerenciado é veiculado em espaços de terceiros. Essas plataformas podem impor regras, condições e recursos que precisam ser entendidos para a boa realização e o melhor retorno das atividades realizadas segundo as estratégias estabelecidas. Esse tipo de mídia ajuda a consolidar os esforços dirigidos à mídia paga e a impulsionar a mídia ganha ou orgânica.

A **mídia digital paga**, em seu aspecto de monetização, tem um modelo muito parecido ao da mídia tradicional. Assim como um patrocinador compra espaços de outdoor em uma cidade, por exemplo, a mídia digital paga compreende a compra de espaços publicitários para exibir anúncios em plataformas de internet, como Google, Facebook e YouTube.

capítulo 4

Os modelos disponíveis para a mídia paga, no entanto, são diferentes. De acordo com o objetivo do anúncio ou campanha, pode-se fazer negociações: por cliques ou CPC (custos por clique), por visualizações ou CPM (custo por mil), por aquisição de clientes ou clique de compra ou CPA (custo por aquisição). As principais plataformas da internet atuam com esse formato de distribuição de mídia: Google Ads, Facebook Ads, Instagram Ads, TikTok, Twitter e LinkedIn.

> No Google Ads, um anunciante patrocina seu site ou sua empresa para que apareça nas primeiras posições do resultado de busca de uma palavra-chave. Em redes sociais, como Facebook, Instagram, Twitter e Tiktok, os anúncios podem ser utilizados para fazer uma publicação aumentar o alcance de usuários.

As plataformas de mídias digitais têm evoluído muito, e seus sistemas de segmentação de público conseguem entregar, para as empresas, campanhas de marketing com resultado muito satisfatório, especialmente com relação ao público-alvo e à conversão. Os relatórios dessas mídias também são muito completos e fornecem aos profissionais de marketing dados precisos dos resultados de suas campanhas. A mídia paga permite a aceleração para se atingir um resultado com mais efetividade e, se bem executado, um ótimo retorno.

Merece destaque o Google Ads, que permite a inserção de mídia paga em canais de propriedade do Google, como o YouTube, além de melhorar o ranqueamento nos resultados de seu buscador. Também é possível anunciar em sites, portais e páginas parceiras por meio da rede de display. Essas ferramentas permitem executar estratégias interessantes de marketing, como o retargeting e o remarketing. Para o comércio eletrônico, recomenda-se aderir ao Google Shopping, uma espécie de vitrine virtual para divulgação de produtos.

Figura 4.1 – Ferramentas de publicidade no Google em 2022

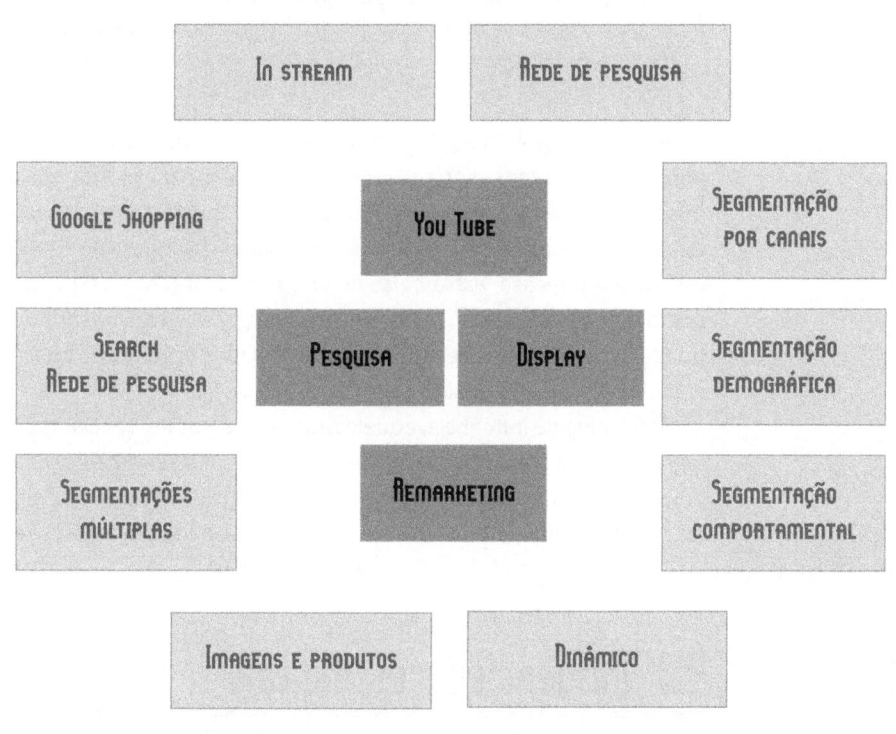

	In stream	Rede de pesquisa	
Google Shopping	You Tube		Segmentação por canais
Search Rede de pesquisa	Pesquisa	Display	Segmentação demográfica
Segmentações múltiplas	Remarketing		Segmentação comportamental
	Imagens e produtos	Dinâmico	

A **mídia digital ganha**, ou **orgânica**, é aquela em que não há um pagamento direto para a exibição ou promoção. Geralmente, é conquistada por intermédio de usuários que propagam o conteúdo da empresa, como um sistema de indicações e o engajamento. Nas redes sociais, essa interação é de grande importância, pois é com ela que os algoritmos das plataformas entendem que determinado conteúdo é relevante, transmitindo para mais pessoas. A grande vantagem da mídia ganha é a prova social; afinal, se alguém compartilha a publicidade ou faz uma postagem sobre os produtos ou serviços, automaticamente está recomendando ou dando aval para a qualidade (Abreu, 2019).

capítulo 4

> Nos buscadores, como o Google, a mídia ganha ou orgânica é representada pelos os resultados que aparecem no ranking de pesquisa, geralmente exibidos após o conteúdo patrocinado.

As principais formas de comunicação nas mídias digitais são: publicações nas redes sociais; envio de postagens para lista de transmissão; status de aplicativos de mensagem; publicações de conteúdo segmentado em blogs e sites; campanhas de disparo de e-mail ou mídia em massa; estratégias de conteúdo (content marketing); postagem de vídeos em canais de streaming; desenvolvimento de podcasts; campanhas de anúncios patrocinados em sites de busca e; marketing de influência.

Marketing de influência, aquele praticado pelos influenciadores digitais, é uma boa opção para divulgar produtos e serviços de uma empresa; é uma perspectiva de negócio digital de interação nas plataformas de mídia. Detalharemos esse assunto na seção que segue.

4.2 Influenciadores digitais e marketing de influência

Um dos modelos de negócio que tem se profissionalizado é o dos influenciadores digitais, figuras centrais no marketing de influência.

Um **influenciador digital, ou influencer**, é uma pessoa que impacta, conquista e influencia seus seguidores e fãs com a produção de conteúdo. Logo, são profissionais que engajam milhares ou milhões de pessoas em determinado assunto ou produto. A ascensão de um influenciador digital ocorre com o aumento do consumo, o engajamento e a interação de seus seguidores. Essas figuras tendem a ser consideradas pessoas de credibilidade e bem-sucedidas em seu segmento.

> Na prática, o influencer impacta e conquista seguidores e fãs por meio da produção de conteúdo para um público específico, fazendo a divulgação nas mídias digitais, em geral Instagram, Facebook, YouTube, TikTok ou blog (Carvalho, 2021).

A influência dessas personalidades tem formado um novo mercado e oferecido oportunidades de marketing para empresas e marcas. Segundo uma pesquisa realizada pela SocialChorus (Soares, 2021), campanhas com influenciadores podem ter um engajamento 16 vezes maior do que a publicidade paga em meios de comunicação tradicionais. O público segue o influenciador porque se identifica com ele, se sente representado; passa a ter o influenciador como um amigo que diariamente o acompanha, que mostra seus dramas, suas alegrias e compartilha um enredo de sua vida real para as mídias digitais.

O engajamento dos influenciadores com seu público é aproveitado pelas empresas e marcas, que desejam produtos e serviços, frequentemente por meio de publipost. Esse recurso de divulgação está muito presente nas plataformas digitais e se tornou um sucesso como exposição de marca e prova social. Assim, o influencer ganha importância nos negócios digitais, podendo influenciar a decisão de milhares de clientes.

> "Os influenciadores têm a capacidade de causar um efeito na imagem da marca" (Global Yodel, 2016, tradução nossa).

Para gerar receita, o digital influencer se valem de algumas formas de monetização (Carvalho, 2021):

- receber um valor diretamente da marca para fazer publicações sobre seus produtos e serviços;
- receber um valor para ser um embaixador da marca;

- fazer a divulgação em troca de produtos da empresa (permuta);
- receber valores diretamente das plataformas digitais em que divulgam os produtos.

As redes sociais, os aplicativos e as plataformas de vídeo, por exemplo, monetizam os conteúdos dos influenciadores mediante a exibição de vídeos. Em média, uma plataforma paga entre 0,25 e 4,50 dólares a cada mil visualizações. Os influenciadores publicam blogs, vlogs, podcasts, fotos e vídeos nas redes sociais. Nesses canais, existem diferentes influenciadores, de vários nichos e segmentos, alguns com milhares de seguidores e outros com menos fãs, chamados de *microinfluenciadores* (Carvalho, 2021).

A estratégia de buscar uma prova social para influenciar vendas de produtos sempre foi adotada pelo marketing, muito antes do advento da internet. Essa estratégia é conhecida como **marketing de influência**, um processo que se utiliza de indivíduos com certa influência em determinada área para oferecer produtos e serviços de certas marcas. Isso acontece porque os influenciadores estabelecem uma relação de confiança com seu público.

O marketing de influência se consolidou no século XIX, quando algumas marcas passaram a contratar celebridades do cinema para promover seus produtos. Como consequência, fãs começaram a imitar essas celebridades e a consumir os mesmos produtos associados à imagem de seus ídolos. Com a chegada das redes sociais e da descentralização dos canais de comunicação, os influenciadores digitais passaram a ter papel fundamental como um meio de prova social (Politi, 2019).

4.3 Marketing e programa de afiliados

Os programas de afiliados, ferramenta do marketing de afiliados, são estratégias que permitem a um indivíduo vender e receber remuneração das vendas realizadas por mídias digitais e identificadas pelo link do afiliado. Nesse modelo de negócio, um afiliado é uma pessoa que indica um produto ou serviço de uma empresa em troca de comissão pela venda. O sistema de marketing de afiliados é muito utilizado como estratégia de vendas, pois favorece ambos os atores.

Nesse processo, as pessoas interessadas em divulgar e vender determinados produtos se afiliam a empresas que vendem produtos, serviços ou infoprodutos. O afiliado passa a ter o direito de divulgar esses produtos em suas redes sociais, sites e blogs. Cada vez que um anúncio converte uma venda, o afiliado é remunerado. Para monitorar o processo de venda, o afiliado recebe um link que o identifica, e as vendas são contabilizadas pelo direcionamento desse link. Isso é muito comum na comercialização de serviços, produtos digitais e produtos de lojas virtuais ou marketplaces.

> Infoproduto é um produto digital, que pode ser: curso, e-book, planilha, livro etc.

Embora muitos influenciadores se utilizem desse sistema para gerar receita, o afiliado não necessariamente é um influenciador digital. Qualquer pessoa, mesmo as que não angariaram tantos seguidores, pode participar. Obviamente, as pessoas com grande audiência na internet, como os influenciadores digitais, têm mais facilidade para realizar as vendas e ter mais sucesso nesses programas (Fernandes, 2021). Usuários de internet e de redes sociais têm se utilizado desse modelo como forma de renda.

4.4 Assinaturas

Outro modelo de negócio que tem apresentado grande crescimento nos negócios digitais são os clubes de assinatura, baseados em pagamentos recorrentes por um produto ou serviço. O avanço da tecnologia permitiu a criação ou a adaptação de modelos de negócio e formas de comercialização e monetização.

capítulo

4

Atualmente, é possível comprar itens como meias, cuecas ou lingeries por assinatura, ou seja, o cliente passe a fazer parte de um clube de assinantes de um produto específico. Como associado, mensalmente recebe produtos do clube a que pertence. Essa estratégia é ótima para lojas virtuais, pois permite fidelizar o cliente, promover uma sensação de pertencimento e gerar receita recorrente.

A comercialização via assinatura não é especialmente uma inovação. Antes da internet, vários produtos, como revistas e livros, já eram comercializados dessa forma, com pagamentos recorrentes. Com a internet, houve uma adaptação do conceito de clube de assinatura para a comercialização de produtos digitais, streaming, softwares, cursos e os mais diferentes conteúdos, com entregas periódicas e pagamento recorrente. Empresas que operam na comercialização de conteúdo de áudio e vídeo via streaming são um bom exemplo desse conceito.

No comércio eletrônico, muitas empresas têm adotado o modelo de assinatura como estratégia para fidelizar clientes e oferecer uma nova experiência. Esse modelo permite uma previsibilidade de receita, um melhor relacionamento com o cliente e uma melhor segmentação.

> Alguns produtos comercializados por lojas virtuais no modelo de cobrança recorrente são: cervejas, vinhos, livros, cápsulas de café, produtos de petshop, artigos de sexshop e chocolates.

Depois da pandemia de coronavírus, muitos clubes regionais passaram a oferecer a assinatura de produtos de consumo diário, como leite, pães, itens orgânicos, carnes e artigos disponíveis em supermercados.

4.5 Cashback

Outra estratégia adaptada dos negócios tradicionais e que obteve grande êxito com as ferramentas da internet são os sistemas de cashback e de pontuação, utilizados para fidelização de clientes e conquista de novos consumidores. A popularização da internet e o consequente aumento na concorrência e na quantidade de lojas virtuais obrigaram as empresas a inovar para se destacar no mercado. Assim, muitas inovações têm sido estimuladas, como clube de assinaturas, leilão on-line, clube de compras, cashback e sistema de pontuação. Por ora, daremos ênfase ao cashback.

> *Cashback* é termo em inglês que significa literalmente "dinheiro de volta".

Logo, cashback é um método que devolve para o cliente uma parte do dinheiro gasto com um produto ou serviço. A mecânica é muito simples e tem sido utilizada por negócios digitais e e-commerces para conquistar ou fidelizar clientes.

No Brasil, esse modelo está crescendo exponencialmente, e em outros países essa transação já é bastante comum. O cashback funciona como um programa de fidelidade, no qual o cliente se cadastra para receber o benefício, faz compras e, depois de acumular certo valor consumido, recebe um percentual que pode ser aplicado em novas compras. O valor restituído varia de acordo com o programa e com a empresa que oferece o sistema; pode ser de 1% a 15% do valor total das compras (Salmen, 2023).

Algumas empresas de e-business têm adotado um sistema híbrido, um misto de cashback e programa de afiliados. Nesse sistema, os programas de cashback restituem o valor ao cliente na forma de crédito em compras em uma loja virtual específica, como se fosse uma indicação ou marketing de afiliados. Dessa forma, a empresa ganha uma comissão e o cliente também tem parte de seu dinheiro devolvido. Esse sistema, se bem implementado, pode ser um diferencial competitivo, e todos os envolvidos se beneficiam: a empresa que oferece o recurso, a loja virtual que vende o produto e o consumidor final. Esse sistema aumenta o nível de satisfação e fidelização de clientes, que se tornam promotores da marca (Salmen, 2022).

> Alguns exemplos de empresa que atuam no sistema híbrido são a Méliuz e a Ame Digital. Além disso, várias empresas de comércio eletrônico já oferecem cashback a clientes. A Amazon, por exemplo, devolve uma porcentagem do dinheiro em compras para os clientes cadastrados no seu programa (Salmen, 2023).

4.6 Leilão on-line

A internet possibilitou novas formas de negociar a compra e a venda de bens, e essa inovação chegou a modelos e práticas comerciais tradicionais, como o mercado de leilões. Assim, surgiu o leilão on-line ou leilão eletrônico.

Diferentes negócios digitais e lojas virtuais têm adotado o modelo de leilão on-line. Nessa modalidade de venda, assim como em um leilão comum, para arrematar um bem anunciado, ou seja, adquirir o item que está em leilão, é necessário dar um lance maior do que o valor mínimo ou o maior lance ofertado. Em geral, o leilão começa com um lance mínimo estipulado para o produto, e compradores passam a dar lances para adquirir o produto. Por regra, quem oferece o melhor lance é quem arremata o bem em questão (Santoro, 2019). O leilão virtual ou de vídeos ao vivo tem a vantagem de reunir um público mais amplo, sem limitação geográfica, com mais lances e maior lucro na venda.

O comércio eletrônico também tem adotado o modelo de leilões on-line para aumentar suas vendas, disponibilizando produtos para lances ou ofertando lotes de produtos em plataformas especializadas.

As governamentais e grandes empresas privadas têm se utilizado de outra modalidade de leilão on-line para reduzir custos: o **leilão reverso**. Nessa modalidade, os participantes oferecem um lance menor do que foi dado anteriormente, a fim de buscar a menor proposta possível. Os fornecedores em potencial visualizam cada lance, porém não sabem qual empresa o fez, até que se chegue ao menor valor possível. Esse tipo de leilão acontece em uma plataforma de leilões on-line, na qual fornecedores ou participantes de uma licitação dão seus lances para oferecer seus produtos ou serviços por preços menores (Alves, 2020).

4.6.1 E-procurement e e-sourcing

As ferramentas de leilão reverso fazem parte de um conjunto de técnicas e recursos para aprimorar a gestão dos processos de compras, no que se nomeia **e-procurement**. Nesse propósito, compradores de grandes empresas para fazer compras mais eficientes e com melhores preços. Para isso, contam com softwares que identificam e contatam novos fornecedores e gerenciam os melhores preços e as ofertas mais atrativas.

Segundo Reis (2019, grifo do original), "o e-procurement é um sistema de negociação que otimiza e automatiza a logística das empresas. O **significado do e-procurement** remete a uma maior eficácia da cadeia de distribuição e de todo o ciclo produtivo".

O sistema funciona por meio de plataformas nas quais compradores buscam por fornecedores e disponibilizam suas ofertas para os vendedores. Assim, o sistema reduz os custos de compras e torna o processo mais transparente para todos os usuários. As plataformas de e-procurement são integradas ao ERP da empresa e cumprem a função de gerir todas as fases da compra e do pagamento, facilitando e agilizando a consulta a informações pelos gestores.

Outras plataformas usadas no e-procurement são os sistemas de **e-sourcing**, que permitem a realização dos leilões reversos. Nesse processo, em vez de cotar os preços individualmente, a empresa divulga o que precisa adquirir, os fornecedores declaram seus produtos e podem fazer lances de preços mais baixos para ganhar a cotação e efetuar a venda. Além de disponibilizar preços, os fornecedores podem propor melhores prazos e condições de pagamento e promoções na negociação de lotes maiores de produtos. Essa estratégia possibilita a redução de custos de uma forma transparente e justa, uma vez que os participantes têm total conhecimento da concorrência entre eles (Reis, 2019).

O e-procurement auxilia também na programação do processo da cadeia de logística e de produção, evitando a falta de matéria-prima e suprimentos. Pode expedir automaticamente ordens de compras para o sistema, agilizando e aprimorando o processo de compra. Esse recurso tem levado mais tecnologia e invovação ao setor de compras das empresas, tornando-o mais eficiente e estratégico (Reis, 2019).

4.7 Comércio colaborativo ou crowdsourcing

A valorização de hábitos sustentáveis tem motivado as pessoas a buscarem novas alternativas de consumo. Também nesse campo a tecnologia e a inovação têm contribuído, ao reforçar os princípios de sustentabilidade e o conceito de **economia colaborativa**, que consiste em uma nova maneira de consumir, primando pelo compartilhamento de bens e serviços entre diversas pessoas e organizações, havendo, para isso, trocas monetárias ou não. Por exemplo, o sujeito deixa de comprar um automóvel, para alugá-lo apenas quando realmente precisar utilizá-lo.

Nesse caso, o acesso a produtos e serviços é feito por compartilhamento, em vez de aquisição, promovendo hábitos de consumo mais sustentáveis e socialmente benéficos. O consumidor se orienta, então, por certos valores (Economia..., 2020).

A lógica da economia compartilhada é um fundamento das mudanças mais disruptivas da sociedade. Grandes empresas, como a Uber e a Airbnb, têm se utilizado dessas práticas em seus modelos de negócio, os quais evidenciam que a economia colaborativa tem como princípios a sustentabilidade e a responsabilidade social. Com o compartilhamento, a sociedade toda se beneficia com a redução de resíduos proporcionada por um consumo mais consciente (Wink, 2018).

> São exemplos de economia colaborativa: aplicativos de trocas entre vizinhos, de aluguel de garagens e de veículos.
> Diversas empresas têm compartilhado espaços físicos e estruturas, gerando menores custos fixos; são os coworkings. Nesses espaços, além do compartilhamento de infraestrutura, é possível partilhar serviços como recepção, internet e telefonia. A economia compartilhada também tem proporcionado o empréstimo de itens. Objetos comuns, como ferramentas, artigos para festas e equipamentos, que são utilizados poucas vezes, são emprestados ou alugados por um valor bastante atrativo (Wink, 2018).

4.7.1 Crowdsourcing

Na esteira dos serviços da economia colaborativa, estão os processos de criação colaborativa impulsionados pelas ferramentas web, entre eles o crowdsourcing e o crowdfunding (Mil cabeças..., 2015). Ora, concentraremos nossa atenção no primeiro.

> *Crowd* pode ser traduzido livremente como "multidão" e, nesse conceito, remete ao fato de que muitas pessoas colaboram para determinado empreendimento,

O crowdsourcing é um processo colaborativo de criação no qual as pessoas se reúnem para agregar conhecimentos para a solução de problemas ou para desenvolver um negócio.

> O termo *crowdsourcing* deriva da fusão das palavras *crowd* (multidão) e *outsourcing* (terceirização) e se refere a um conceito de interação social baseado na construção coletiva de soluções com benefícios para todos.

Nesse sistema, a produção do conhecimento é coletiva e voluntária, executada por meio de plataformas de internet, para resolver problemas, criar conteúdo ou desenvolver soluções para facilitar a vida das pessoas. Milhares de negócios digitais têm esse método como base de sua produção de conteúdo. Um exemplo de crowdsourcing são os sites wiki; o mais conhecido deles provavelmente é a Wikipédia, uma enciclopédia colaborativa escrita por usuários voluntários (Mil cabeças..., 2015). As redes sociais e os fóruns também se enquadram no modelo, pois dependem de usuários voluntários para gerar conteúdo. Outros exemplos são os aplicativos colaborativos: Waze, no qual usuários inserem e podem compartilhar informações sobre o trânsito; Fogo Cruzado, uma plataforma digital colaborativa com o objetivo de alertar para a ocorrência de tiroteios e violência armada.

Com essa alternativa, as empresas podem lançar produtos e serviços com o apoio e o conhecimento de colaboradores voluntários e clientes em potencial. Nesse processo, uma base de consumidores participa do projeto e contribui para a proposta final, o que ajuda a engajar e a fidelizar os clientes consumidores do produto ou serviço a ser disponibilizado. Outra vantagem interessante é a possibilidade de inovação permanente e a recursividade das ideias advindas de ambiente externo da empresa.

4.7.2 Crowdfunding

O crowdfunding é a prática do financiamento coletivo. Nessa concepção de negócio, plataformas on-line auxiliam um indivíduo ou uma empresa a fazer um financiamento independente. Em geral, arrecada-se dinheiro sem se recorrer às empresas de crédito ou ao governo.

As plataformas ou sites de crowdfunding são ferramentas web que possibilitam o financiamento coletivo com um modelo de arrecadação no qual usuários disponibilizam recursos financeiros para custear um projeto, configurando uma espécie de "vaquinha virtual" (Sebrae, 2021). Há alguns tipos de financiamento coletivo, os quais detalharemos a seguir.

No **crowdfunding de doação**, os doadores são incentivados a participar de programas para fins sociais e de caridade. Muitos projetos visam reunir recursos para pessoas que precisam fazer algum tratamento de saúde ou procedimento cirúrgico. São muito utilizados também na captação de recursos financeiros para ajudar a reconstruir cidades após calamidades como tempestades ou temporais.

O modelo de **crowdfunding de recompensa** fornece aos investidores algum retorno, mesmo que simbólico, no caso de o projeto atingir seu objetivo. Nesse modelo, as pessoas que realizam algum aporte financeiro recebem, ao final do período, um produto ou serviço como benefício ou agradecimento. Elas têm um retorno equivalente ao valor investido, previamente descrito na campanha. Muitos projetos de financiamentos culturais, como lançamento de peças de teatro, filmes e músicas, adotaram essa solução, pois é também uma forma de divulgar o projeto.

> Um exemplo prático foi o projeto para obtenção de recursos do cantor carioca Chico Faria para a gravação de seu álbum. O cantor ofereceu cotas por meio de crowdfunding que correspondiam ao valor de um CD. Assim que o projeto foi finalizado, cada investidor recebeu a mídia.

A **crowdfunding equity** oferece aos financiadores do projeto a possibilidade de retorno financeiro. Nesse caso, investidores fazem um financiamento conjunto na abertura de uma empresa e, quando ela começa a dar lucros, o investidor passa a ter retorno sobre o investimento. Esse ator é um investidor de risco, tem interesses financeiros, e se torna sócio do projeto, com cota proporcional ao valor empenhado.

No **debt crowdfunding**, ou **peer-to-peer crowdfunding**, os investidores recebem, com juros, o dinheiro investido. É uma espécie de empréstimo coletivo. A modalidade, embora autorizada, envolve altos riscos, já que a maioria dos projetos não tem garantias fiduciárias.

> As principais plataformas de crowdfunding são: Catarse, Vakinha e Benfeitoria.

4.8 Social commerce e social shopping

O **social commerce**, ou **comércio social**, é uma estratégia para tornar a experiência de compra on-line mais social e mais integrada, por meio da interação direta com o vendedor, criando um ambiente favorável às vendas. Corresponde a uma abordagem do vendedor para oferecer um produto em plataformas digitais, como redes sociais e aplicativos de mensagem. O objetivo é fazer o consumidor fechar a compra diretamente por esses canais, sem ser direcionado para um e-commerce ou marketplace.

Nesse caso, o foco é a experiência de compra e atendimento. Esse modelo alterou a dinâmica do comércio eletrônico, pois tornou o e-commerce muito mais ativo, numa prática mais próxima àquela do varejo físico (Junqueira, 2022). As mídias sociais passaram a oferecer recursos de vendas de produtos e serviços em suas plataformas de maneira fácil e rápida. Aliás, muitas aplicações disponibilizam botões de compra e link de pagamento em suas plataformas, facilitando as transações. O comércio social é uma estratégia de canais de um negócio digital (Totvs, 2021).

No social commerce, a busca por um produto na internet, a oferta e a exposição dos produtos, bem como a finalização da compra acontecem nas redes sociais. Dessa forma, essa estratégia requer a utilização de muitos recursos que as plataformas digitais oferecem. Logo, o social commerce é mais um canal de venda integrado à estratégia de canais on-line.

> As redes sociais podem ser grandes aliadas nas vendas e são um dos maiores fatores de influência de compra. Portanto, esse canal exige uma comunicação bastante precisa.

Incorporado ao social commerce, aparece o **social shopping**. Nesse caso, a compra é efetuada em uma plataforma social, como Facebook ou Instagram, em sites de afiliados, em clubes de descontos ou em plataformas de cashback. O social shopping se caracteriza pelo interesse e pela interação em uma rede social que resulta na venda do produto em um mesmo processo.

Para ilustrar, em um conceito amplo de e-commerce existem vários canais de vendas digitais para a mesma empresa de comércio eletrônico. Para uma boa estratégia digital desses canais, as vendas precisam estar articuladas entre todos os canais, como loja virtual, marktplaces, social commerce e social shopping (Junqueira, 2020).

4.9 M-Commerce

O m-commerce, ou mobile commerce, corresponde à compra e venda de produtos e serviços por meio de dispositivos móveis, como smartphones.

> O m-commerce teve um crescimento de mais de 78% em 2021 em comparação a 2020. Essa mudança de comportamento tende a se acentuar com o acesso de novos consumidores a smartphones e, principalmente, com a chegada do 5G, que visa acelerar a velocidade de conexão de internet desses dispositivos (Rondinelli, 2021).

No m-commerce, a experiência do consumidor precisa ser excelente. Para isso, as empresas devem disponibilizar seus serviços em plataformas móveis com site responsivo, rápido e intuitivo.

O profissional de e-commerce e e-business, portanto, precisa estar atento a essas mudanças de comportamento e compreender que os dispositivos móveis mudaram a forma como o consumidor pesquisa sobre produtos e serviços. Mais da metade das pesquisas globais feitas no Google são originadas de dispositivos móveis. No Brasil, 57% das pesquisas do Google foram feitas em mobile. Entender esse movimento é fundamental para o desenvolvimento de uma boa estratégia de canais de vendas. Disponibilizar produtos e serviços em canais móveis pode ser a oportunidade de ganhar mais visibilidade, como uma vitrine virtual, divulgando a empresa em qualquer hora e lugar com um simples clique no celular.

Segundo a pesquisa *The 2022 Global Digital Shopping Index*, 34% dos consumidores pesquisam no smartphone dentro das lojas físicas (Gonçalves, 2022).

A experiência em uma loja física, o conhecimento do produto, seu exame e até a prova por tamanhos para posteriormente realizar a compra em um e-commerce é conhecida como **showrooming**. Consumidores praticam essa modalidade para conhecer melhor o produto, mas depois buscam encontrá-lo com um preço mais acessível nas lojas virtuais. Varejistas sentem-se prejudicados nesse processo, pois sua estrutura física passa a ser um ponto de experiência de um produto que ele não venderá.

O processo inverso também pode ocorrer e é chamado de **webrooming**. Nesse caso, o consumidor pesquisa seus produtos on-line e, depois, vai à loja física para finalizar a compra. Na visita, o cliente já tem um controle, as informações do produto e uma comparação de preço, melhorando a experiência de compra. Muitos lojistas sentem-se despreparados ou frustrados em atender esse tipo de cliente, que se desloca até um estabelecimento físico com todas as informações para uma possível compra.

4.10 Usuário gerando conteúdo (UGC)

O aumento da conectividade e a comunicação mais próxima entre as empresas e as pessoas impulsionaram novas estratégias de mídia e de comunicação. Uma delas é conhecida como *usuário gerando conteúdo* (UGC, do inglês user-generated content). Esse modelo de negócio é importante para a manutenção de alguns e-business, redes sociais, fóruns e plataformas na modalidade wiki.

O conteúdo gerado pelo usuário é qualquer mídia, comentário, post, foto, vídeo que o ele produz espontaneamente para as plataformas digitais. Isso se verifica principalmente em redes sociais, nas quais o conteúdo é postado pelos usuários (Moraes, 2020). Nos negócios digitais, essa estratégia pode ser utilizada por empresas do mercado digital para engajar o usuário e produzir provas sociais, como os comentários em produtos. Empresas de e-commerce devem incentivar o usuário a fazer avaliações sobre os produtos, pois essas informações auxiliam outros compradores e minoram as objeções. Vale ressaltar, a principal vantagem do UGC é a prova social para outros usuários.

> Os comentários de outros usuários em reviews no Google e em redes sociais ajudam na decisão de compra compra de um produto ou serviço.

Por isso, é importante ter uma seção na qual os clientes são incentivados a inserir conteúdo, experiências e opiniões; essa também é uma forma de gerar mais interações com os consumidores (Custódio, 2019).

> O TripAdvisor é uma plataforma que incentiva a interação entre usuários para ajudar viajantes a descobrir novos lugares, hotéis, pousadas, restaurantes e passeios. Seu conteúdo é publicado por usuários que indicam locais e publicam fotos e comentários sobre estabelecimentos e atrações.

O UGC é importante para diversos negócios, principalmente para aqueles que dependem do conteúdo produzido por usuários para gerar engajamento, como redes sociais, blogs e vlogs. Modelos de crowdsourcing, como a Wikipédia, um projeto educacional escrito de maneira voluntária e colaborativa, também são um bom exemplo de usuário gerando conteúdo.

Capítulo 5

Marketplaces

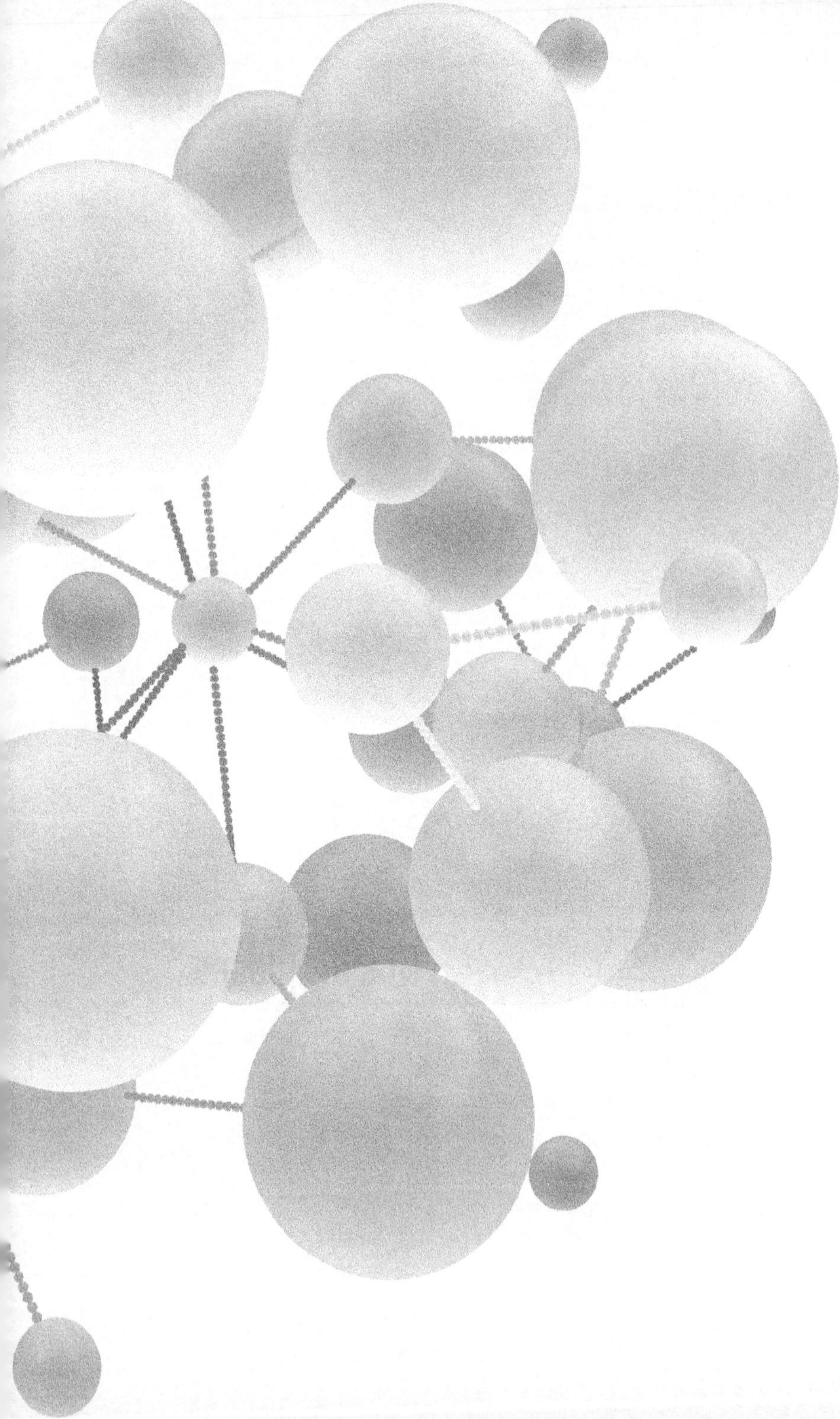

Diferentes modelos de negócios digitais são oportunidades e ameaças para qualquer empresa. Enxergar as oportunidades requer o entendimento de que os novos modelos são canais que dão acesso a milhões de consumidores, com formas diversas de gerar informações e de comercializar produtos e serviços. As ameaças decorrem do desconhecimento do uso das ferramentas e da falta de entendimento de que os hábitos de consumo da sociedade estão em constante mutação. Nesse cenário, plataformas com diferentes propostas têm surgido, negócios digitais têm apresentado inúmeras possibilidades a empreendedores, e mesmo os pequenos empresários podem aderir a plataformas de marketplace.

> Marketplace é um dos modelos de negócio de maior sucesso no mercado digital, que atua na intermediação de venda de produtos e serviços. Grandes corporações no mercado mundial adotam esse modelo de negócio, como Uber, Mercado Livre, iFood e Amazon.

No marketplace, diferentes empresas podem vender seus produtos ou serviços por meio de uma plataforma que agrega as ofertas. Os marketplaces são uma espécie de catálogo on-line, no qual as empresas divulgam e vendem seus produtos de forma totalmente virtual, mediados por uma empresa provedora da plataforma. Esses portais contam com uma forte estrutura para receber usuários, os quais podem selecionar os produtos ou serviços e realizar o pagamento também na plataforma. O marketplace é constituído por três elementos principais: (1) plataformas de marketplace; (2) empresa que vende os produtos ou serviços; e (3) comprador desses produtos ou serviços.

A plataforma de marketplace é um modelo de negócio digital cuja receita é obtida mediante a comissão de vendas dos produtos e serviços comercializados. Alguns modelos contam, ainda, com a monetização pela venda de anúncios de publicidade e de planos de assinaturas para clientes, como a Amazon, que oferece produtos e serviços, apontada como uma das maiores empresas de varejo do mundo.

capítulo 5

> A Amazon oferece planos de assinatura para seus clientes, que inclui, entre outros serviços, acesso a seu canal de streaming.

A empresa que disponibiliza seus produtos e serviços nessas plataformas é denominada *seller*. Para o vendedor, a principal vantagem é a visibilidade, pois essas plataformas, em geral, já investem muito em ferramentas de mídias digitais e em publicidade para atrair clientes. Dessa forma, o investimento é baixo e a exposição é favorável, pois desperta no consumidor mais confiança e credibilidade. A adesão às plataformas normalmente dispensa investimentos ou requer um baixo investimento (Zacho, 2017).

Para o consumidor, o marketplace é uma solução de compra que reúne produtos e lojas diversas em uma mesma plataforma, facilitando a busca. Outro benefício é a estratégia de marketing de fidelização de clientes praticada pelo marketplace, que oferece vantagens como cashback, promoções, programas de afiliados, cupons de descontos e frete grátis para seus consumidores, gerando grande interação entre clientes e plataformas.

Portanto, as plataformas de marketplace são intermediadoras entre compradores e vendedores. Cada um dos componentes – vendedores, compradores e plataforma – tem seus direitos e deveres. Detalharemos isso a seguir.

- Os **vendedores**, ou sellers, fazem a comercialização dos produtos e têm a responsabilidade de cadastrar os produtos na plataforma, manter seus estoques e preços atualizados, receber os pedidos e enviar as mercadorias de acordo com o prazo acordado. Os sellers podem sofrer punições caso não cumpram suas responsabilidades. Por exemplo, se não informar que um produto exposto no marketplace está sem estoque, o vendedor pode ser punido com o bloqueio das vendas por um período, uma multa e até a exclusão do marketplace.
- Os **compradores**, também identificados como clientes, shoppers ou consumidores, são os usuários que

realizam a compra, fazem a interação com a plataforma de marketplace, decidem quais produtos adquirirão e realizam o pagamento. Os recursos do marketplace permite comprar produtos de vários vendedores e fazer o pagamento de uma única vez, em um único pedido.

▪ As **plataformas de marketplaces** também têm suas atribuições: divulgar os produtos dos sellers, receber as vendas, fazer a gestão do pagamento e dos riscos de fraude e repassar os pagamentos aos vendedores nos prazos acordados.

Essas plataformas agregam muitas empresas e intermedeiam a maior parte das vendas no comércio eletrônico. É possível classificar esse modelo de negócio em duas categorias: (1) marketplaces que vendem serviços e (2) marketplaces que vendem produtos.

Os **marketplaces de serviços** têm se popularizado, apresentando um crescimento extraordinário. Os aplicativos funcionam na lógica da economia colaborativa, tornando-se uma grande tendência por oferecer soluções de prestação de serviço por um valor acessível.

> Alguns exemplos de marketplaces de serviços são iFood, Uber, 99 e Rappi.

As plataformas comercializam serviços de terceiros a uma grande base de usuários que buscam locação de imóveis, transporte, alimentação, mão de obra temporária, profissionais liberais, freelancers e prestadores de serviço em geral. A experiência do usuário é gerenciada pela plataforma, assim como funcionalidades, design, publicidade e forma de pagamento. Pela utilização desses recursos, é cobrada do prestador de serviço uma comissão de vendas por cada transação efetuada.

Ao vendedor, fornecedor do serviço, cabe fazer o cadastro dos serviços a serem oferecidos na plataforma, os quais passam a ser divulgados no aplicativo. A execução dos serviços contratados é monitorada pela plataforma, apoiada por um sistema de pontuação

capítulo 5

e de feedback, que pode até excluir o prestador de serviços que não cumprir com o acordado.

Os **marketplaces de produtos** têm alcançado grande sucesso no mundo todo; e o comércio eletrônico brasileiro é bastante dependente de marketplaces. De acordo com a 42ª edição do Webshoppers, 78% do faturamento total do mercado em 2020 adveio de plataformas de marketplaces (Freitas, 2022). Diante disso, cabe ao gestor de e-commerce desenvolver estratégias para a melhor rentabilidade da empresa no segmento.

> Os maiores e-commerces são plataformas de marketplaces: Mercado Livre, Amazon, AliExpress e Magazine Luiza.

Portanto, marketplaces são um dos canais de vendas no e-commerce de grande relevância e ponto de atenção para proprietários e gestores. Esse modelo de negócios é muito atraente por conta da grande exposição e divulgação dos produtos. Esse tipo de plataforma é um atalho para conectar clientes aos produtos, podendo gerar um aumento de vendas e de receita, diluindo custos e gerando escala de vendas para o e-commerce. Essa aplicação pode ser comparada a uma espécie de shopping center virtual, no qual são disponibilizadas ofertas de produtos de diversas marcas e de vários lojistas. Não é difícil encontrar o mesmo produto sendo oferecido por mais de um vendedor, e nesse caso cabe ao consumidor a escolha, normalmente baseada em preço, qualidade de atendimento, prazo de entrega e valor do frete (Zacho, 2017).

As principais desvantagens dos marketplaces são a dependência da plataforma e a gestão de preços devido às comissões cobradas. Muitos sellers dependem quase exclusivamente do canal de vendas dos marketplaces, porque a maioria das vendas são efetuadas nessas plataformas. Se, por algum motivo, a plataforma resolve aumentar suas taxas, penalizar o vendedor ou encerrar suas atividades, a empresa pode perder seu canal de vendas.

> Um fator importante para sellers é a formação de preços dos produtos a serem comercializados nessas plataformas. Como os marketplaces cobram comissões por vendas e essas comissões são calculadas pelo valor final da venda, se faz necessária a boa gestão de preços para evitar prejuízos.

No comércio eletrônico, é recomendável a diversificação dos canais de venda. Assim, um e-commerce pode fazer vendas pela loja virtual, pelas redes sociais, por aplicativos, por dispositivos de mensagens eletrônicas e por markeplaces. Ademais, e conveniente trabalhar com várias plataformas para evitar a dependência de um único player.

Ressaltamos que se devem definir as estratégias para cada um desses canais. Para isso, é útil ter clareza sobre as vantagens e desvantagens de operar em diversos canais. Esmiuçaremos esse tema na seção a seguir.

5.1 E-business e e-commerce como canal de vendas

Canais de vendas são os meios pelos quais as empresas transacionam suas mercadorias e interagem com os consumidores. No mercado tradicional, há, por exemplo, venda por catálogo, venda direta, televenda, venda por distribuidor, atacadista ou varejista. As plataformas digitais são outro canal de vendas, o qual tem grande potencial competitivo.

A gestão de canais é determinante para o crescimento das vendas e para a distribuição mais adequada dos produtos e serviços. Muitas empresas têm adotado o e-business e e-commerce como mais um canal de vendas. O desafio é que a velocidade de desenvolvimento desses canais pode dificultar a implementação de uma boa estratégia.

capítulo 5

Com as constantes inovações digitais, os canais de vendas, principalmente on-line, têm se propagado, e as empresas precisam se adaptar a eles sem causar conflitos com os canais de vendas e estratégias já existentes. Desenvolver uma boa estratégia comercial em tempos digitais requer conhecimento de cada um dos canais de venda em que se deseja atuar.

Algumas empresas convencionais adotam a medida, entendendo os meios digitais como uma oportunidade de aumentar as vendas e diluir os custos fixos. Outra possibilidade para o meio digital é a comercialização para outras regiões sem a necessidade de ponto físico, escritório ou loja. Assim, com menores investimentos, podem obter uma escala maior de vendas.

A implementação de um novo canal de vendas digital também requer mudanças nos processos internos da empresa, um controle bastante preciso dos estoques e, sobretudo, a adoção de uma cultura digital de inovação em processos e relacionamento com o cliente. Um canal de vendas digital tem uma dinâmica diferente de canais tradicionais e exige um fluxo mais acelerado de informações e uma integração maior entre empresa, clientes e fornecedores.

O principal desafio é estabelecer uma política de preços que não gere atritos entre os canais de vendas. Por exemplo, uma loja física de roupas que decide vender on-line tem de manter preços parecidos para evitar que o cliente se sinta prejudicado ao comparar os valores praticados em canais diferentes. Outra possibilidade é adotar estratégias de preços específicas para cada canal de venda, com mix de produtos exclusivo, preços distintos e promocionais, frete grátis ou kit de produtos.

> Deve estar claro para o gestor que cada canal de vendas promove uma experiência única entre cliente e empresa. O cliente não tem obrigação de distinguir se está comprando em loja física, site, aplicativo ou redes sociais. Afinal, seu relacionamento se estabelece com a empresa, de forma mais ampla.

5.1.1 Canais de venda do e-commerce

E-commerce é a comercialização de produtos e serviços pela internet, via dispositivos eletrônicos, como computadores e smartphones. No e-commerce, existem vários canais de vendas. O mais conhecido é a loja virtual, havendo ainda:

- social shopping, as vendas pelas redes sociais;
- social commerce, as vendas por ferramentas de comunicação instantânea, como WhatsApp, e-mail e redes sociais;
- marketplaces e aplicativos.

> O termo *e-commerce* se diferencia de *loja virtual*, uma vez que o segundo se refere ao website (ou site de vendas) em que os clientes adquirem os produtos. Logo, a loja virtual é um dos canais do e-commerce (Bertholdo, 2022).

A estratégia de precificação deve abranger, além da loja física, a loja virtual, os marketplaces e outros canais digitais. Para resolver esse dilema, muitas empresas têm adotado estratégias de multicanais ou de omnichanel, com as quais o cliente tem uma melhor experiência com a marca.

A **estratégia de multicanais** se aplica quando uma empresa disponibiliza vários canais de compra, como site, aplicativo e lojas físicas. Esses canais podem estar com um alto nível de integração ou operar com independência; nesse último caso, vendedores que trabalham na loja física não têm conhecimento sobre as vendas realizadas por aplicativo ou loja virtual. Muitos lojistas optam por essa estratégia por conta da dificuldade de integração de processos, estoques e comunicação interna.

Já a **estratégia de omnichannel** consiste no uso integrado dos canais de comunicação e vendas, com vistas a uma melhor interação de clientes on-line e off-line, melhorando a experiência do cliente (Fonseca, 2017).

capítulo 5

> O termo *omnichannel* transmite o sentido de todos os canais, ou a totalidade de canais.

> *Omnichannel é uma tendência do varejo que se baseia na concentração de todos os canais utilizados por uma empresa. Trata-se da possibilidade de fazer com que o consumidor não veja diferença entre o mundo on-line e o off-line.*
>
> *O omnichannel integra lojas físicas, virtuais e compradores. Dessa maneira, pode explorar todas as possibilidades de interação.*
>
> *Essa tendência é uma evolução do conceito de multicanal, pois é completamente focada na experiência do consumidor nos canais existentes de uma determinada marca.* (Sebrae, 2017)

Nessa estratégia, um cliente pode, por exemplo, fazer o pedido com um dos vendedores da loja física, ou pelo aplicativo da loja, e optar por receber a entrega em casa, retirar na loja ou levar o produto da loja física e pagar pelo celular ou pelo aplicativo. Dessa forma, um canal ajuda o outro a oferecer uma experiência de compra melhor, estreitando as relações on-line e off-line (Fonseca, 2017).

5.2 Pagamentos e transações digitais

A evolução dos meios de pagamento digitais tem transformado a forma como as pessoas se relacionam com o dinheiro, e muito em breve o pagamento digital será o padrão do mercado. Por meios digitais, consumidores podem transacionar, pagar e cobrar contas; negócios podem receber valores por links de pagamentos, planos de assinaturas com pagamentos recorrentes, boletos, Pix e QR code. No comércio eletrônico, com o advento de novas tecnologias, os pagamentos on-line têm ficado mais ágeis, facilitando os processos de vendas e de recebimento.

Para que uma transação seja considerada digital, ela deve ocorrer por um dispositivo móvel, aplicativo ou plataforma on-line. Como conceito, um pagamento digital ou on-line é uma transação financeira entre empresas e clientes e entre pessoas efetuadas totalmente on-line, por meio da troca de dados.

Entre os benefícios dos pagamentos digitais, está a agilidade; muitas vezes, o pagamento é processado em segundos. Para as empresas, o pagamento pela internet é também uma forma de oferecer mais comodidade e segurança aos clientes. Além disso, as soluções de pagamento permitem a automatização de processos e podem reduzir custos com gestão financeira, principalmente na conciliação bancária e no melhor controle do fluxo de caixa.

> As transações digitais dispensam a utilização de dispositivos físicos, como a maquininha de cartão de crédito ou o dinheiro em espécie. Essas transações se baseiam no envio e recebimento de dados criptografados pela internet. Um bom exemplo é o Pix.

5.2.1 Pix e o real digital

Pix é o sistema de pagamento e recebimento instantâneo instituído pelo Banco Central do Brasil (BCB), em vigor desde 2020, que revolucionou o mercado de pagamentos digitais no país. Esse sistema permite realizar transações instantâneas a qualquer hora e lugar.

As transações levam apenas alguns segundos. Para pessoas físicas, é um serviço totalmente gratuito, o que torna essa opção mais vantajosa do que as tradicionais transferências bancárias, como DOC ou TED, que têm um período maior de compensação e taxas maiores para utilização. A desvantagem do Pix é que as transações têm limites menores.

Outra funcionalidade lançada pelo BCB são as modalidades Pix saque e Pix troco, nas quais o usuário consegue fazer saque ou receber troco em espécie na rede credenciada. É mais uma opção para fazer saques, o que facilita a obtenção de dinheiro em espécie quando necessário (BCB, 2022a).

capítulo 5

O BCB estuda, para os próximos anos, o lançamento de uma moeda totalmente digital, o real digital. Entre as vantagens de uma moeda digital regulamentada, estão: a maior rapidez de pagamentos no varejo; a possibilidade de inclusão digital e financeira para uma população que não tem acesso aos serviços bancários; e uma maior competição entre os agentes do sistema bancário.

A digitalização da economia estimula a criação de outros recursos para facilitar transações e agilizar pagamentos. Com o real digital, a confirmação das transações acontece em segundos. Os valores passam de um ponto a outro sem a necessidade de intermediário, como acontece com o Pix. Por estar inscrito em uma estrutura digital, o dinheiro pode se movimentar pela internet. Nesse processo, até mesmo transações internacionais podem ser realizadas e chegar ao destino sem nenhum fator de interferência (Suehiro, 2022).

O real digital terá como estrutura de segurança e prevenção de fraudes a tecnologia de blockchain. Nesse processo, os dados navegam pela web em blocos criptografados, em um sistema mais seguro contra ataques cibernéticos. Com o real digital, a responsabilidade sobre o dinheiro passa a ser do BCB; atualmente, os bancos cuidam dos valores depositados em contas-correntes. A tecnologia de criação do real digital deve acompanhar as normas legais e recomendações internacionais sobre prevenção à lavagem de dinheiro, financiamento da proliferação de armas de destruição em massa e ao terrorismo (Souza, 2022).

> As moedas digitais com gestão de um banco central (CBDC: Central Bank Digital Currency) têm sido objeto de estudos e de projetos da comunidade global de bancos centrais. Nos próximos anos, essas moedas digitais devem entrar em circulação nos países com aval e controle operacional e tecnológico desses bancos (BCB, 2022b).

Para os consumidores, o real digital proporcionará mais comodidade e redução nos custos financeiros, pois um sistema descentralizado requer menos intermediadores e menores taxas de pagamento.

5.3 Bancos, adquirentes, subadquirentes e bandeiras

Profissionais de e-business e, principalmente, de e-commerce precisam entender como funciona uma transação de pagamento digital. Esse processo de troca de informação envolve vários agentes, e cada um desempenha um papel no processo de pagamento digital. Os agentes são: clientes, bancos, adquirentes, bandeiras, subadquirentes e empresas.

- **Adquirentes**: *são empresas que fazem a liquidação financeira das transações por cartão de crédito e débito, como Rede, Cielo e GetNet. Elas conectam as bandeiras (Visa, Mastercard, Amex, etc.) aos bancos emissores (Itaú, Bradesco, etc.);*
- **Subadquirentes**: *são intermediadoras de pagamentos que simplificam a conexão com os bancos, bandeiras e adquirentes, como PayPal e Yapay. Elas entregam soluções completas de pagamento com contratos fechados e tecnologia antifraude;*
- **Bandeiras de cartão**: *são empresas que regulam o uso dos cartões e fazem a ponte entre adquirentes e bancos emissores, como Mastercard, Visa e American Express;*
- **Bancos emissores**: *são os bancos responsáveis pela emissão de cartões de débito e crédito e autorização ou recusa das transações (e também pela emissão de boletos e autorização de débito em conta);*
- **Gateway de pagamento**: *é um sistema que funciona como uma maquininha de cartão virtual, fazendo a conexão direta com adquirentes e bandeiras por meio de APIs.* (Vindi, 2021, grifo do original)

Os gateways de pagamento são um elemento integrador entre as plataformas de e-commerce; adquirentes e bandeiras de cartão de crédito, uma espécie de máquina de cartão virtual que faz a comunicação entre a loja virtual e os sistemas dos adquirentes; subadquirentes têm um gateway próprio para fazer essa conexão com os adquirentes, além de contarem com um sistema próprio de antifraude.

capítulo 5

> Tais conceitos são importantes, pois esses elementos são os atuantes em um processo de pagamento e recebimento. Com eles, um pagamento digital em um e-commerce ocorre em poucos segundos ou minutos.

De acordo com a estabilidade do sistema e as condições do cartão de crédito, a transação financeira segue o fluxo ilustrado a seguir.

Figura 5.1 – Fluxo de transação financeira no e-commerce

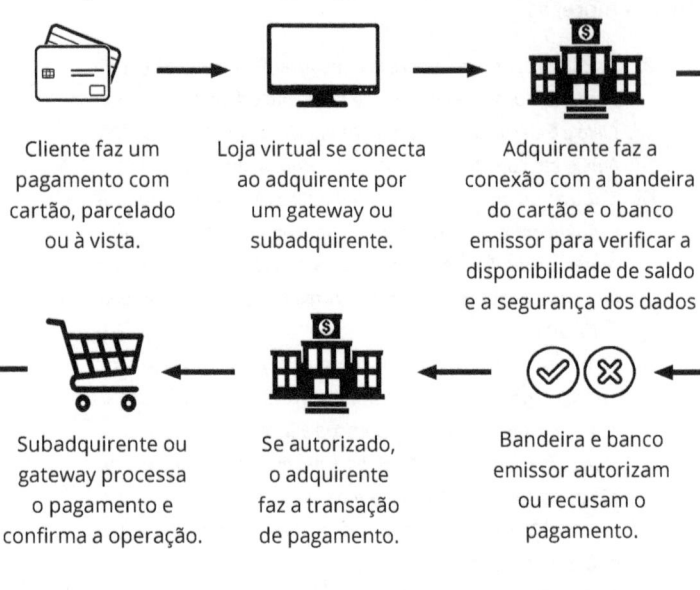

- Cliente faz um pagamento com cartão, parcelado ou à vista.
- Loja virtual se conecta ao adquirente por um gateway ou subadquirente.
- Adquirente faz a conexão com a bandeira do cartão e o banco emissor para verificar a disponibilidade de saldo e a segurança dos dados
- Bandeira e banco emissor autorizam ou recusam o pagamento.
- Se autorizado, o adquirente faz a transação de pagamento.
- Subadquirente ou gateway processa o pagamento e confirma a operação.
- Sistema antifraude, se contratado, recomenda a aprovação ou a negativa da transação.
- Adquirente ou subadquirente repassa o dinheiro da venda para o lojista no prazo e nas condições acordadas.
- Loja informa ao cliente que o pagamento foi confirmado, e especifica o prazo de entrega do produto.

VoodooDot, icong9, Hansiiip, Untuk Dia, oulanda Yhola, Tsunami Designer e RANI ICON/Shutterstock

Quando é realizada uma compra com cartão de crédito em uma loja virtual, o processo segue estas etapas:

1. O cliente faz uma transação on-line e indica que deseja pagar com cartão de crédito, parcelado ou à vista.
2. No momento da conclusão da venda, a loja virtual se conecta ao adquirente por um gateway de pagamento. Algumas lojas optam por trabalhar com subadquirentes; nesse caso, dispensa-se a contratação de um gateway, pois os subadquirentes dispõem de gateways próprios.
3. A empresa adquirente faz a conexão com a bandeira do cartão e banco emissor, que verifica a disponibilidade de saldo do cliente e dados de segurança das informações.
4. A bandeira e o banco emissor autorizam ou recusam o pagamento.
5. Se autorizado, o adquirente faz a transação do pagamento.
6. O gateway de pagamento ou o subadquirente processa o pagamento na loja virtual e confirma a operação.
7. Se a loja virtual tiver algum sistema antifraude, este recomenda ou não a aprovação da transação.
8. A loja informa ao cliente que o pagamento foi confirmado e dá um prazo de entrega. Em geral, esse processo é feito automaticamente com a aprovação do pagamento.
9. O adquirente ou o subadquirente repassa o dinheiro da venda para o lojista no prazo e nas condições acordadas.

Muitos empreendedores de lojas virtuais têm dúvidas sobre o melhor meio de pagamento a ser utilizado, se através de subadquirente ou de gateway conectado diretamente a um adquirente. Cada loja virtual tem suas particularidades, e essa decisão depende do modelo de negócios, do fluxo de caixa e da estrutura dos processos. Para auxiliar nessa decisão, no quadro a seguir, relacionamos vantagens e desvantagens de se trabalhar com essas modalidades de pagamento.

Quadro 5.1 – Diferenças entre adquirentes e subadquirentes

Adquirentes	Subadquirentes
▪ Tarifas e taxas de juros menores ▪ Aprovação imediata ▪ Risco de fraude assumido pelo lojista ▪ Risco de chargeback ▪ Na venda parcelada, o recebimento também é parcelado.	▪ Tarifas e taxas de juros maiores ▪ Aprovação pode levar até dois dias ▪ Aprovação sujeita a critérios do subadquirente ▪ Risco de fraude assumido pelo subadquirente ▪ A venda parcelada é recebida à vista, entre 2 e 14 dias após a compra, descontados os juros do período de parcelamento

Nos processos de pagamento com boleto bancário, débito em conta ou Pix, a troca de informações on-line ocorre apenas entre gateway ou subadquirente e o banco emissor.

Outra possibilidade muito comum de pagamento digital é a carteira de pagamento digital, ou e-wallet. Nesse processo, os dados financeiros, como número de cartão de crédito, são armazenados em um aplicativo, tornando smartphones e outros dispositivos móveis inteligentes meios de pagamento instantâneo. A carteira digital se utiliza de uma tecnologia de segurança que transforma os dados do cartão cadastrado em um token (código secreto) para autorizar a transação. Depois, o mesmo token pode ser usado para fazer novas compras. Esse recurso é empregado em aplicativos nos quais o cartão de crédito é previamente cadastrado, como o Uber e o iFood.

Para utilizar o recurso em lojas físicas, o consumidor pode optar pelo pagamento por aproximação, pela tecnologia NFC (Near Field Communication, ou comunicação por campo de proximidade) ou utilizar um QR code. Na internet, é possível utilizar a carteira para fazer o check-out em lojas on-line e transferir dinheiro.

> Alguns exemplos de carteiras digitais são PagSeguro, PicPay, PayPal e Mercado Pago.

Uma opção muito utilizada nos negócios digitais é o pagamento recorrente, também chamado de *economia de recorrência*. Nesse modelo, o consumidor paga com cartão de crédito um valor recorrente mensal, e um sistema on-line automatiza a cobrança periódica de planos e assinaturas sem comprometer o limite de uso do cartão. Esse modelo é muito utilizado para setores de educação, SaaS, clube de assinaturas, entre outros segmentos que operam com recorrência de pagamento. Outra possibilidade para cobrança é o débito automático, muito utilizado para o pagamento de contas de consumo, como água, luz e internet (Vindi, 2021).

Os links de pagamento também são opções para se realizar transações de forma rápida e prática. Nesse caso, um link gerado pela carteira digital ou pelo banco do vendedor é enviado para o cliente por aplicativo de troca de mensagens, e-mail ou redes sociais. Assim que o cliente acessa o link, ele é direcionado para uma página, na qual pode escolher entre as formas de pagamento oferecidas e realizar a transação. Outra tendência promissora nas transações digitais é o blockchain, um sistema digital descentralizado que permite transações rápidas e seguras com a utilização de criptomoedas.

É comum que as pessoas associem o pagamento digital ao e-commerce, mas todos os modelos de e-business recebem seu faturamento por pagamento digital. Compreender o funcionamento dos pagamentos digitais ajuda o profissional do setor a tomar decisões mais acertadas no combate a fraudes e a negociar melhores condições com os fornecedores, como taxas e prazos mais vantajosos.

Diversas tecnologias foram desenvolvidas com o propósito de que as transações processadas e os dados financeiros trafeguem com segurança entre os sistemas na internet. Para isso, existem diversos protocolos e mecanismos que garantem a troca segura das informações aplicando métodos de criptografia, decriptografia e autenticação de dados, prevenindo qualquer interceptação das transações. Vale ressaltarmos que a maior parte das falhas de segurança em processos de transações financeiras digitais são causadas pela falta de atenção do usuário.

5.4 Jogos eletrônicos

As inovações e o avanço de recursos e dispositivos tecnológicos revolucionaram também o mundo dos jogos eletrônicos. Videogames e jogos eletrônicos ultrapassaram as barreiras do entretenimento e se tornaram fonte de renda para muitos usuários, um modelo de negócios muito rentável. Dados da pesquisa feita pela Newzoo, empresa que faz análises sobre games e levantamentos referentes ao setor, revelam que o mercado de jogos on-line no Brasil tem uma receita de US$ 2,3 bilhões por ano. Ainda de acordo com o estudo, o Brasil é o maior em receitas de jogos da América Latina e o 12° do mundo (Mendes, 2019).

O mercado de games é vultoso, e a concorrência se dá entre empresas globais. Quem deseja empreender nesse segmento, além de ter uma grande paixão por games, precisa entender muito de negócios, ter conhecimentos sobre processos, planejamento financeiro, gestão de projetos e muito foco nos objetivos assumidos. Para investir, deve-se estar atento às evoluções da tecnologia, pois as plataformas mudam conforme o comportamento do consumidor se altera. A tendência para os próximos anos é explorar a realidade aumentada, a realidade virtual, a internet das coisas e os dispositivos vestíveis (Feijó, 2017).

Uma empresa de games pode monetizar de diversas formas. Jogos disponibilizados gratuitamente, em geral, obtêm receita da vinculação de publicidade. Alguns optam por uma estratégia freemium, na qual o jogo é oferecido gratuitamente para seus jogadores, porém as melhores funcionalidades e recursos são cobrados. Os jogos de maior sucesso são comercializados mediante venda da licença ou assinatura recorrente.

Além da possibilidade de ingressar no mercado de games como desenvolvedor, hoje é possível monetizar sendo um jogador profissional. As mudanças tecnológicas dos últimos anos forjaram uma geração mais conectada e com mais acesso à tecnologia e ao entretenimento. Uma pesquisa da Superdata indica que o número de pessoas que assistem a streams de games supera a audiência dos canais de streaming de vídeos e filmes (Jovens..., 2022). O mercado de e-sports, ou esportes eletrônicos, vem crescendo tanto que o Comitê Olímpico Internacional (COI) cogita a possibilidade de incluir a modalidade nas Olimpíadas.

Os esportes eletrônicos vêm aumentando muito sua audiência e conquistando novos adeptos em todo o mundo. As competições, disputadas com uso de dispositivos eletrônicos, atraem milhões de admiradores e são transmitidas por plataformas on-line ou redes de televisão. Os principais atletas profissionais têm status de celebridade e são cultuados por jovens de todo o mundo. O acesso fácil ao ambiente competitivo dos games torna a interação entre os e-sports e os jovens algo muito mais fácil e direto do que com as modalidades de esportes convencionais (Jovens..., 2022). Desse modo, os esportes eletrônicos são um ícone das mudanças na sociedade; as pessoas estão buscando o entretenimento de forma ativa, com mais interação e mais possibilidades de participação. Esses pontos, aliados à fluida integração do público jovem com as novas tecnologias e tendências, criaram um ambiente propício para essa modalidade.

Com o mercado de e-sports avançando tanto em diversidade quanto em faturamento, algumas atividades relacionadas aos games ganharam destaque. Alguns jogadores têm lucrado com a transmissão de suas partidas ao vivo em plataformas de streaming, tornando-se um gameplay, ou seja, um jogador que faz comentários e dá dicas enquanto joga.

5.5 Gamificação

Gamificação é um termo adaptado do inglês, gamification. Trata-se de um conjunto de estratégias adotadas em jogos e aplicadas para gerar interação e engajamento de usuários em dispositivos de comercialização de produtos e serviços. Essas estratégias são aplicadas em contextos diferentes para motivar uma ação ou tornar uma tarefa mais agradável.

capítulo 5

Os negócios digitais se utilizam de elementos de gamificação no desenvolvimento de processos para incentivar o usuário em suas aplicações e para gerar elementos de recompensa pelo uso. Nessa estratégia, utiliza-se a mecânica de um jogo e seus processos para estimular a interação e aprimorar a usabilidade.

Segundo a designer de games Jane McGonigal, certos elementos transformam a experiência do jogo em algo extremamente envolvente, e eles podem ser aplicados em outros contextos e com objetivos mais amplos (Meireles; Amaral, 2021). Um dos principais elementos é o desafio: o ser humano tende a se sentir motivado diante de algo desafiador, mas desde que sinta que há possibilidade de resolução, de modo a garantir satisfação e recompensa. Esse desafio deve estar inserido em uma jornada maior, ligada ao otimismo, tornando a interação mais instigante. Os jogadores sentem que podem superar um desafio, e isso os estimula a persistir no jogo até realizar a tarefa.

Esses e outros elementos são empregados em aplicações de negócios digitais e de e-commerce. Nesse contexto, o processo de gamificação é contínuo, pois, cada vez mais, são inseridos elementos de jogos nos processos de compra, fidelização e recompensa a usuários.

Algumas técnicas de gamificação são tão comuns que os usuários nem as detectam. Um exemplo são as notas dadas a consumidores e fornecedores em vários aplicativos. Com as notas, as pessoas têm seu reconhecimento, e essas avaliações constituem uma prova social. As avaliações estabelecem níveis, e os usuários são classificados de acordo com essa escala, como em um jogo. Esse processo estimula a busca de um status vencedor; usuários e fornecedores se empenham para se diferenciar positivamente e conquistar melhores avaliações. Para isso, prestam serviços com mais qualidade e atendem às exigências e regras da plataforma.

Para os negócios digitais, existem vários benefícios das estratégias de gamificação. O principal é o crescimento das vendas, decorrente de um processo mais envolvente, que mantém o usuário focado em seus desafios. A utilização de elementos lúdicos possibilita a transformação da jornada de compras em uma atividade mais prazerosa, e o cliente encontra satisfação. A fidelização de clientes também pode ser impulsionada por elementos de jogos, pois o consumidor se aproxima da plataforma e passa a percebê-la como um ambiente de experiência positiva.

No e-commerce, várias lojas têm se utilizado da gamificação para premiar ou recompensar os melhores clientes, incentivando a competição entre os consumidores para cumprir um objetivo predeterminado. As estratégias podem ser distintas, mas empresas têm disponibilizado elementos dos games para melhorar a experiência do usuário e alavancar seus negócios. Essas ferramentas podem ser muito exploradas. Muitas vezes, a gamificação não envolve um grande investimento financeiro e abrange quase sempre uma boa dose de conhecimento, inovação e criatividade.

> Estratégias de gamificação nos negócios digitais podem ser combinadas com outras técnicas, como cashback, programas de fidelidade e marketing de afiliados. Algumas plataformas, por exemplo, presenteiam seus melhores usuários com emblemas de embaixador, título conquistado pela quantidade de clientes indicados ou por um grande volume de compras. O valor simbólico que um cliente conquista em uma plataforma indica um reconhecimento e uma categorização, estratégia muito comum no mundo dos jogos.

5.6 Ferramentas web e seu uso no e-business e e-commerce

São ferramentas web todos os dispositivos, sites, redes sociais, aplicativos e demais sistemas que têm a internet como base tecnológica.

O uso dessas ferramentas criou muitas oportunidades para empresas no mercado digital, as quais podem, por exemplo, adotá-las para aprimorar processos internos, com algum recurso de comunicação ou mídia. Isso fomenta o mercado e motiva outras empresas a prover novas soluções. Forma-se, assim, um ciclo do qual participam as startups e empresas tech (Souza, 2011).

> Em 1899, o então chefe do departamento de patentes e registros dos Estados Unidos, Charles Dwell, teria dito que tudo o que podia ser inventado já havia sido criado. Até hoje não se tem certeza dessa afirmação, mas ela sugere que, em qualquer momento histórico, as pessoas acreditam que o ser humano chegou ao limite de sua engenhosidade.
> Considerando as transformações digitais, é razoável assumir que está em curso apenas a fase inicial, marcada por inteligência artificial, internet das coisas, realidade aumentada, realidade virtual, blockchain etc. Esses recursos provavelmente sejam apenas os precursores e seus desdobramentos tendem a impactar profundamente o mundo dos negócios digitais e toda a sociedade.

Essas transformações geram incertezas para empreendedores digitais, pois a evolução das ferramentas web representa, ao mesmo tempo, oportunidades e ameaças para os gestores. Os recursos da tecnologia têm aproximado as empresas dos consumidores, possibilitado o acesso a milhões de novos clientes, e aumentado a concorrência de empresas globais em todos os mercados. Cabe ao profissional conhecer esses recursos e desenvolver a melhor estratégia para seu negócio, entendendo os hábitos de consumo, sempre tendo em mente que a sociedade está em constante mudança.

5.7 Mundos virtuais e metaverso

Os **mundos virtuais** são programas de computador que simulam a realidade, proporcionando ao usuário uma experiência de imersão muito parecida com a vida real. Atualmente, a maioria desses recursos está sendo utilizada em jogos e plataformas de treinamento, como simuladores de voo e de direção de automóveis.

O termo *mundos virtuais* foi proposto por Viktor Mayer-Schonberger e John Crowley. Segundo eles, trata-se de: "softwares sofisticados que permitem a seus usuários criarem identidades digitais na forma de avatar ou persona digital, que, por sua vez, atua em uma realidade tridimensional" (Mayer-Schonberger; Crowley, 2005, p. 1781, tradução nossa).

Esses espaços virtuais utilizam a realidade virtual e a realidade aumentada, com aspectos das redes sociais e dos jogos eletrônicos. Muitos jogos e simuladores já utilizam esses recursos para entregar uma realidade simulada para seus usuários.

> O primeiro grande sucesso foi o jogo *Second Life* (em português, *Segunda Vida*). Nele, as pessoas vivem em uma realidade paralela e podem trabalhar, namorar, estudar, enfim, interagir com outros participantes em uma simulação da vida real.

Mundos virtuais têm sido considerados, por grandes empresas, como uma possibilidade de interação social de um futuro próximo. Alguns especialistas adotam a denominação **metaverso**. O termo é atribuído ao escritor de ficção científica Neal Stephenson, que usou a palavra pela primeira vez em seu romance *Snow Crash*, de 1992, para se referir a um mundo virtual em 3D habitado por avatares de pessoas reais (Stephenson, 1992). Para o criador do Facebook, Mark Zuckerberg (citado por Schmidt, 2021), o metaverso "existe em espaços virtuais onde você pode criar e explorar com outras pessoas que não estão no mesmo espaço físico que você".

O mais inquietante e instigante quando se trata de mundos virtuais, jogos e simuladores são os desdobramentos para a vida real, o aprendizado e a experiência adquirida. Nessas plataformas, o usuário, representado por um avatar, pode treinar uma habilidade, como um novo idioma, e esse aprendizado se tornar proveitoso para a vida real (Ferreira; Oliveira, 2022).

Grandes empresas, como a Meta, novo nome do Facebook, apostam no metaverso como o futuro da interação das redes sociais. Nesse espaço, será possível socializar, jogar, visitar lojas virtuais para realizar a compra de produtos etc. Outro exemplo da Meta é o ambiente de reuniões virtual, no qual os avatares podem interagir, criando um espaço colaborativo como se as pessoas estivessem fisicamente no mesmo lugar.

capítulo 5

A Microsoft também anunciou um modelo semelhante para a sua plataforma, no qual os usuários poderão interagir por meio de experiências holográficas compartilhadas. Para essa empresa, a ideia de que a internet é um "lugar" se concretizou, já que é possível, em um ambiente totalmente virtual, haver interações entre pessoas de diferentes países com tradução simultânea, o que as aproxima e cria definitivamente um ambiente globalizado.

Empresas e negócios digitais têm oferecido soluções para explorar essa nova possibilidade de interação social. A tecnologia para a realização dos mundos virtuais envolve a aplicação de conceitos como redes sociais, dinheiro virtual, realidade aumentada, realidade virtual, inteligência artificial e machine learning, temas do próximo capítulo.

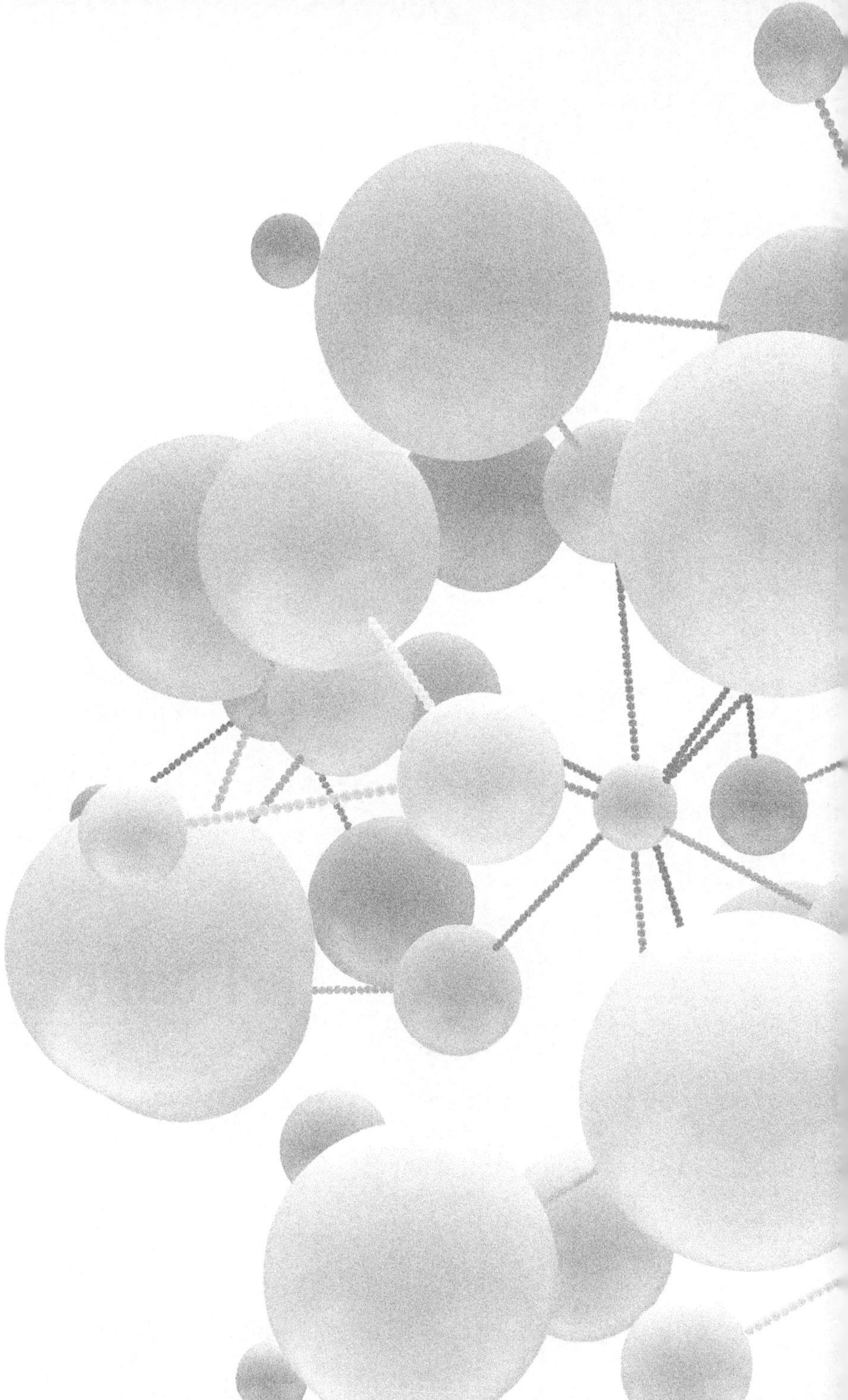

Capítulo 6

Machine learning
e inteligência artificial

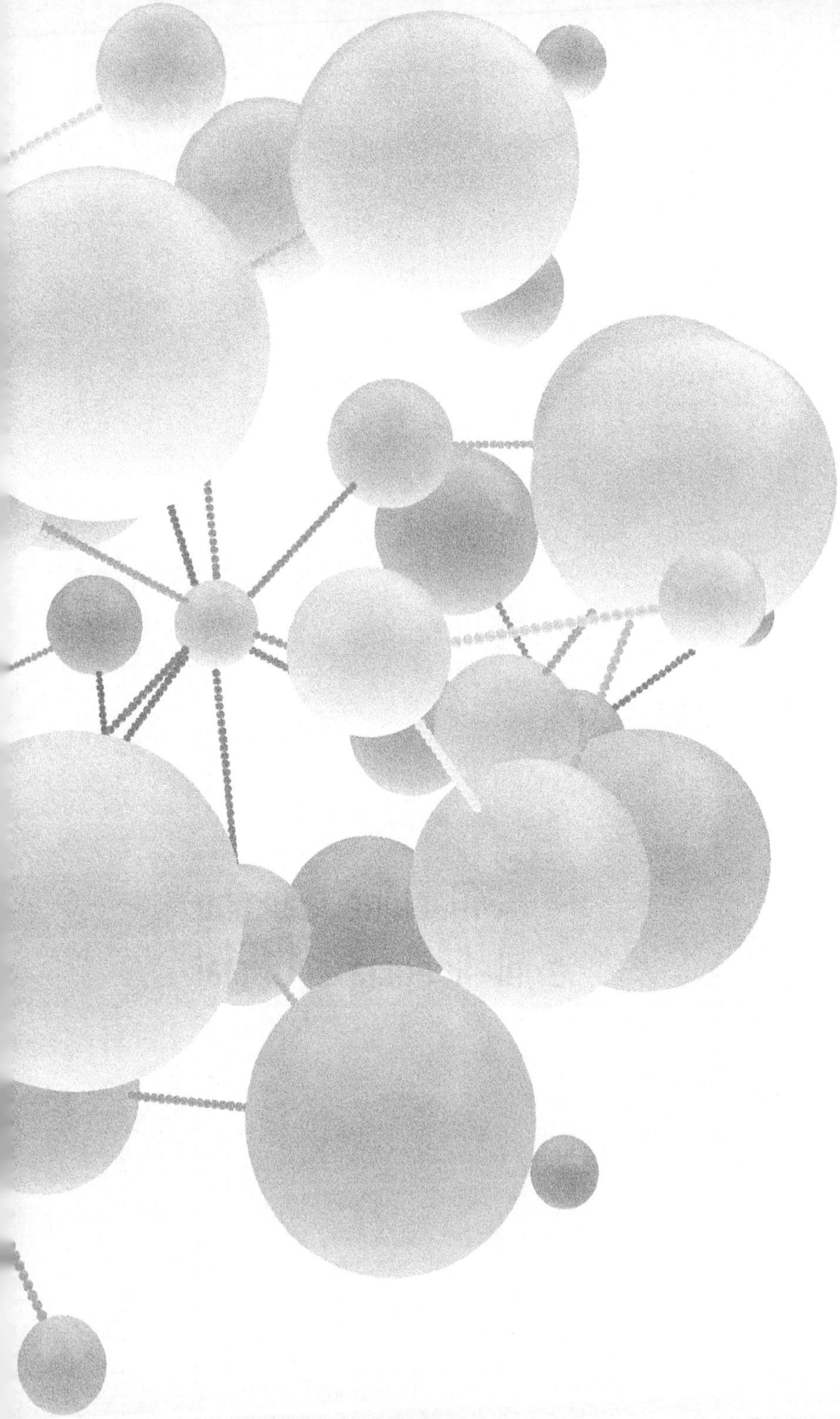

Neste capítulo, versaremos sobre as tendências da tecnologia e dos negócios digitais.

As organizações e as pessoas têm incorporado as ferramentas tecnológicas em seu dia dia e, por isso, se mostra imprescindível entender o processo de inovação e atentar para as novas tendências tecnológicas, observando o desenvolvimento e o impacto dessas tecnologias no âmbito social.

É incontornável, então, tratar de **inteligência artificial (IA)**, já que o futuro dos negócios digitais passa obrigatoriamente pelas perspectivas de IA. Essa tecnologia talvez seja a mais disruptiva que a humanidade já experimentou, visto que, pela primeira vez na história, o processo de criação e a tomada de decisão podem ser efetuados por máquinas. O fato é que o trabalho executado por humanos será, cada vez mais, baseado em atividades que demandam tomadas de decisão, de sentimento e, sendo repetitivo, de humanidade. As atividades cumpridas por dispositivos inteligentes são a concepção básica de IA.

> *A inteligência artificial é um ramo de pesquisa da ciência da computação que busca, através de símbolos computacionais, construir mecanismos e/ou dispositivos que simulem a capacidade do ser humano de pensar, resolver problemas, ou seja, de ser inteligente.* (Santos, 2022)

Os avanços tecnológicos permitiram à sociedade escalar a produção de bens de consumo. As inovações tornaram os meios e os processos mais eficientes. A primeiras máquinas substituíram a mão de obra humana; com a computação e a internet, a comunicação e o fluxo de informação foram aprimorados e automatizados. Com o advento da inteligência artificial, será possível, em pouco tempo, delegar para as máquinas tomadas de decisão, julgamentos e até o desenvolvimento de atividades criativas, como obras literárias e músicas.

capítulo 6

> Hoje em dia, existem aplicativos de IA abastecidos com dados de enciclopédias virtuais e informações de redes sociais que podem responder a perguntas de forma muito semelhante a dos humanos. Em experimentos, a IA já consegue escrever livros, teses e petições jurídicas com recursos linguísticos iguais aos produzidos por pessoas.

O conceito de IA é muito amplo, e muitas tecnologias são abarcadas por essa concepção. Em geral, aplica-se a dispositivos que imitam o comportamento humano na solução de dificuldades impostas. Aqui, *comportamento humano* tem relação com a habilidade de analisar dados, encontrar padrões ou tendências, fazer análises e, então, adotar esses parâmetros para tomar decisões. As decisões de uma IA são baseadas em lógica.

A IA é apontada como uma das principais tecnologias disruptivas, com potencial para transformar os horizontes dos negócios digitais e, em poucos anos, impactar profundamente a vida em sociedade. O conjunto de tecnologias de inteligência artificial é formado por complexos sistemas de algoritmos que têm a capacidade de apreender com o ambiente e se aprimorar, simulando capacidades da inteligência humana, como o raciocínio e a análise de cenários. Tecnologias de reconhecimento facial e de voz são extensões do aprendizado de IA também relacionadas com a robótica e com o que se convencionou chamar de **aprendizado de máquina** ou **machine learning**.

A aplicação da IA em negócios ligados à tecnologia e à inovação já acontece em certos processos de relacionamento com os clientes, em sistemas de segurança e na recomendação de produtos e serviços para o consumidor de acordo com seu comportamento, personalizando a experiência.

Em um sistema que utiliza IA, os algoritmos vão aprendendo e treinando com o comportamento do usuário. Um exemplo é a indicação de filmes e músicas nas plataformas de streaming; os algoritmos se utilizam da capacidade de aprendizado pela "observação" das escolhas do usuário para lhe sugerir um filme ou música que esteja de acordo com as preferências que demonstrou.

> Os dispositivos que conseguem mudar seu objetivo inicial por meio de um aprendizado são chamados de *machine learning*, ou máquinas que aprendem. Seus algoritmos reconhecem padrões nos dados analisados, gerando uma base de informações para análise e tomada de decisão.

Os buscadores de internet também ilustram como funcionam aspectos importantes do machine learning. Buscadores como o Google se utilizam desse conceito e da IA para entregar o melhor resultado ao usuário. Por exemplo, se uma pessoa digitar a palavra *banco* no campo de busca do site, o serviço precisa analisar diversos parâmetros para decidir se exibe resultados equivalentes a instituição financeira ou a um local para se sentar, que são dois significados possíveis. Entre os numerosos parâmetros envolvidos, está o histórico de pesquisa do usuário – se minutos antes o usuário tiver buscado por *dinheiro*, o primeiro significado é o mais provável.

A constante inserção de dados nesses buscadores pode rapidamente gerar novos padrões. Considere que a palavra *banco* passe a ser mais utilizada no sentido de reserva ou suplente no futebol. O machine learning rapidamente terá esse aprendizado, e o mecanismo de pesquisa conseguirá identificar padrões que apontam para esse novo significado. A mesma situação acontece com uma empresa nova; no início, ela não tem buscas relacionadas, assim, não aparece nas plataformas, mas, ao serem feitas buscas por essa nova empresa, ela será identificada e os resultados com seus dados irão aparecer.

A inteligência artificial, o machine learning e suas diversas aplicações estão em franco crescimento; muito mais que uma inovação, são uma necessidade. Com esses recursos, as plataformas ficam mais ágeis, pois aceleram a consulta ao banco de dados. Outra aplicação importante é no combate a fraudes em sistemas de pagamento, pois o sistema aprende o padrão de utilização do usuário e seus hábitos de consumo, bloqueando ações que não sigam esse padrão apreendido. Esses recursos também são adotados em aplicativos de tradução de textos. No comércio eletrônico, a IA está sendo aplicada na detecção de fraudes financeiras, na recomendação de produtos em lojas virtuais e nas campanhas de marketing que fazem a segmentação de clientes pelo perfil de navegação.

As mais promissoras e mais controversas aplicações da IA são para melhorar a prestação de serviços à saúde e os medicamentos em todo o mundo. De acordo com diretor-geral da Organização Mundial da Saúde (OMS), Tedros Adhanom Ghebreyesus, no relatório *Ethics and governance of artificial intelligence for health* (*Ética e governança da inteligência artificial para a saúde*): "Como toda nova tecnologia, a inteligência artificial possui um enorme potencial para melhorar a saúde de milhões de pessoas em todo o mundo, mas como toda tecnologia, também pode ser mal utilizada e causar danos" (Opas, 2021).

A grande preocupação reside no risco de delegar para as máquinas ou inteligências artificiais algumas decisões sobre saúde, diagnóstico e triagem de pacientes. Outra hipótese é o uso, sem autorização, de informações sobre diagnósticos e doenças de pacientes e o risco de insegurança digital ou falta de ética na aplicação dos dados pelas empresas envolvidas. A IA, no entanto, tem sido empregada para aumentar a velocidade e melhorar a precisão no diagnóstico de doenças, além de auxiliar na pesquisa de novos medicamentos e apoiar ações de intervenção na saúde pública, como o controle de doenças e epidemias e a resposta a surtos no sistema de atendimento à saúde (Silveira, 2021).

Embora tecnologias e recursos de IA e machine learning sejam empregados nos dias atuais, é consenso entre estudiosos do tema que os dispositivos ainda evoluirão muito até sua aplicação em larga escala. Atualmente, existem robôs com tecnologia artificial e máquinas capazes de desafiar o cérebro humano em todos os campos de atuação. Para a sociedade, convém discutir o futuro dessa tecnologia e suas aplicações nos negócios digitais. As oportunidades geradas por essas práticas são ainda incipientes.

6.1 Big data, data science e BI

Para ilustrar a importância dos dados no dia a dia, é interessante lembrar que produzimos dados o tempo todo: tudo o que publicamos ou comentamos em redes sociais, as conversas em aplicativos, as fotos que compartilhamos, os trajetos que consultamos e seguimos no aplicativo de visualização de mapas e imagens de satélite e mensagens que trocamos. Todos esses dados são armazenados por algum dispositivo computacional e podem ser utilizados para disponibilizar produtos e serviços de acordo com nosso consumo.

> Você provavelmente já notou que, se comentar sobre algum produto em um aplicativo de mensagem ou rede social, passará a receber e a visualizar anúncios relacionados ao produto.

Os dados, portanto, embasam as decisões da IA e do machine learning.

As empresas produzem e têm acesso a um gigantesco volume de informações, pois diariamente são produzidos muitos dados, os quais muitas vezes não são utilizados de maneira adequada ou não são coletados corretamente e analisados com eficiência. Os dados precisam ser estudados para se descobrir aquilo que não é evidente. Para fazer essas análises e apresentar as melhores soluções, diversas técnicas e ferramentas vêm sendo desenvolvidas (Silva, 2023). O volume de dados produzidos tem mudado a forma como decisões são tomadas, sendo preciso saber coletar, analisar, classificar, examinar e comparar. De acordo com o Gartner Group (2021), diariamente são produzidos 15 petabytes de dados estruturados e não estruturados, como vídeos, textos, áudios e imagens. A essa imensa quantidade de dados, dá-se o nome de **big data** ou **megadados**.

Portanto, para tratar essa imensa quantidade de dados, foram formuladas várias técnicas de coleta, armazenamento, apresentação e análise. As mais utilizadas e mais conhecidas são: data science (ciência de dados), data mining (mineração de dados) e data analytics (análise de dados). Essas três áreas de atuação trabalham com o mesmo objeto, mas há diferença entre elas.

Data science, ou ciência de dados, é o conhecimento que as empresas geram mediante dados. Por isso, tem relação próxima com a estatística e os métodos qualitativos de análise, área do conhecimento que permite explorar e predizer uma informação com base em dados.

Para especialistas, a prática é uma das atividades mais promissoras do futuro. Empresas que têm se utilizado dessas técnicas na tomada de decisão têm aumentado sua lucratividade e melhorado seus processos (Silva, 2023).

Independentemente do ramo do negócio, os dados podem revelar uma realidade que poderia ficar despercebida pelos gestores. Todos os setores da empresa que produzem dados, como financeiro, marketing e logística, podem utilizar a ciência de dados, o foco é a melhora na tomada de decisão. Em um nível maios elevado, o data science pode nortear a extração do conhecimento a partir dos dados (Silva, 2023).

O **data mining**, ou mineração de dados, consiste no uso de processos para explorar grandes quantidades de dados digitais à procura de padrões consistentes, como se estivesse minerando ou extraindo mais informações, como regras de associação ou sequências temporais (Data Mining..., 2022). O objetivo é descobrir relações entre variáveis, formando novos conjuntos de dados. Uma aplicação dessa técnica se verifica no setor financeiro, no qual os dados de clientes com padrão de consumo parecido são agrupados e segmentados, para que a instituição bancária ofereça serviços direcionados.

Com o aumento do volume de dados gerado, é necessária uma boa estruturação chegar a conclusões e informações mais precisas sobre esses dados. O **data analytics**, ou análise de dados, organiza e estrutura esse material.

> A principal diferença entre o data analytics e o data mining é que este não busca algo predeterminado, o propósito é detectar padrões. Já o data analytics procura nos dados informações para uma melhor tomada de decisão.

Em grandes empresas, os dados ficam disponíveis em um dispositivo denominado *armazém de dados*, ou *data warehouse*. Essa aplicação, que pode ser um servidor em nuvem, consiste em um depósito de dados digitais para armazenar informações estruturadas e organizadas. Isso é crucial, porque se deve evitar a duplicidade de registro e primar pela celeridade e a exatidão da consulta.

Atualmente, as estratégias mais utilizadas para tratamento de dados nas empresas são os processos de **business intelligence (BI)**, ou inteligência empresarial, que dão apoio para as decisões de forma inteligente, por um processo de captação e análise de dados. O BI é um processo orientado para a análise de dados na busca por informações que podem auxiliar gestores na melhor tomada de decisões. Os sistemas de BI reúnem dados de fontes internas e informações externas que, processados, possibilitam uma melhor análise da informação. São capazes de acessar e examinar conjuntos de dados. Para que esse sistema funcione corretamente, os dados devem estar integrados, e as informações, concentradas em um único local, um mesmo servidor, o data warehouse.

Seja por um sistema de BI, data minning, data science ou data analitycs, as empresas que fazem uma gestão mais inteligente de suas informações têm obtido resultados melhores em seus controles e na descoberta de oportunidades de negócio. Um exemplo dessas possibilidades no e-commerce ou nos negócios digitais é a perspectiva de se prever quanto um cliente pode gerar de receita para a empresa nos próximos anos, o que contribui para a previsibilidade de caixa. Os dados, aliados a plataformas de IA, podem fornecer análises preditivas e indicar soluções a serem tomadas. A utilização de ferramentas de machine learning, inteligência artificial e big data é o grande desafio das empresas e a principal tendência para os próximos anos.

6.2 Transformação da moeda e blockchain

Já discorremos sobre as mudanças nas transações financeiras promovidas pelas tecnologias. Entre as novidades estão os pagamentos digitais, as moedas virtuais, as criptomoedas e os recursos de blockchain.

As **moedas digitais com gestão de um banco central** são conhecidas pela sigla CBDC (Central Bank Digital Currency) e provavelmente entrarão em circulação nos próximos anos nas maiores economias globais, com o aval e o controle operacional e tecnológico dos grandes bancos. O Brasil já estuda o lançamento de sua moeda, o real digital, para um futuro breve, conforme mencionamos no capítulo anterior.

A diferença entre um CBDC e uma criptomoeda é justamente o controle e a regulação por um banco central. As criptomoedas são descentralizadas, não estando sujeitas a intermediação de empresas ou instituições bancárias; os CBDCs são emitidos e garantidos por um banco central. Por esse motivo, estes apresentam mais estabilidade, pois são versões digitais do dinheiro.

As **criptomoedas** basicamente são uma espécie de dinheiro semelhante a outras moedas correntes. Elas têm as mesmas características e finalidades do dinheiro tradicional. Servem como meio de troca, facilitando as transações financeiras; reserva de valor, para a preservação do poder de compra no futuro. Têm seu valor como unidade de precificação, e o cálculo econômico pode ser feito em função da moeda digital. As profundas peculiaridades são seu formato totalmente digital e o fato de não serem controladas ou emitidas por um banco central. Todas as transações financeiras dessas moedas são criptografadas, o que explica seu nome.

As criptomoedas são um tipo de ativo digital, um bem e têm valor no mercado. No entanto, não podem ser consideradas necessariamente um dinheiro digital, como uma moeda. No Brasil, as criptomoedas não são aceitas em transações oficiais, sendo permitidas e utilizadas somente como forma de permuta. Legalmente, pelo Banco Central do Brasil (BCB), não é permitida a utilização de criptomoedas como meio de pagamento. A legislação federal caminha com iniciativas para a regulamentação das criptomoedas; vale lembrar, a Receita Federal emitiu instrução orientando os investidores de criptoativos a declarartais quantias. Existem projetos de lei que visam colocar as criptomoedas na lista de ativos aceitos como meios de pagamentos pelo BCB (Câmara dos Deputados, 2021). Esse debate ainda fica limitado pela alta volatilidade do mercado de criptomoedas, que dificulta uma reserva de valor estável do ponto de vista do Poder Público.

> A criptomoeda mais utilizada no mundo é o Bitcoin (BTC), uma moeda totalmente digital, de alcance global e que não é controlada por governos ou instituições tradicionais. Foi o primeiro sistema de pagamentos global totalmente descentralizado. Desenvolvido em 2008, teve o objetivo de substituir o dinheiro de papel, além de eliminar a necessidade da intermediação de bancos em operações financeiras. Embora seja a moeda digital mais conhecida, existem outras criptomoedas, como Ethereum, Ripple e Binance coin (Criptomoedas..., 2022).

O Bitcoin é uma moeda autorregulada sem um sistema centralizador. É uma rede peer-to-peer (P2P), o que significa que as transações são gerenciadas por cada um dos usuários (nós) que fazem parte do sistema e todos os usuários têm acesso e controle de todo o sistema. Quando alguém transaciona com essa moeda, o dispositivo, computador ou celular, passa a participar da rede por meio de sua carteira. Se um usuário sai dessa rede, os demais mantêm o sistema funcionando (Alecrim, 2018a). Sem uma instituição centralizadora do processo, inexiste a possibilidade de se invadir o sistema ou mesmo de derrubar um controle central. A movimentação das criptomoedas e as transações financeiras são seguem um processo denominado *blockchain*, um registro público que reúne todas as informações necessárias para o processamento e a proteção das transações.

6.3 Blockchain e NFT

O blockchain é uma espécie de banco de dados distribuído e público, no qual consta o histórico de todas as operações registradas e armazenadas em um sofisticado sistema computacional, disponível para consulta, fiscalização e validação de todos os usuários. A cada transação financeira, é feita uma validação no blockchain para assegurar que as cripomoedas não tenham sido utilizadas.

O nome *blockchain*, traduzido livremente como "cadeia de blocos", representa um sistema no qual ficam armazenadas as transações e o histórico das informações. Cada transação gera um registro em novos blocos, que precisam se conectar à cadeia de blocos. Se alguém tentar uma fraude ou uma operação ilegítima, as conexões alteradas não se conectarão com a cadeia de blocos. Esses blocos de informações são públicos, acessíveis a todos os participantes e não podem ser apagados ou alterados. Por ser um sistema distribuído, quando uma atualização é feita, todas as cópias são sincronizadas em segundos. Mesmo que um computador saia da rede, isso não afeta o sistema, pois este é garantido pelos outros participantes, como já explicamos.

Para garantir a segurança desses blocos, as transações são registradas no blockchain pelos mineradores, pessoas que utilizam seus computadores para gravar as informações no blockchain. Em troca disso, são remunerados com novas unidades de bitcoins. Assim, com a mineração, são desenvolvidas novas unidades de moedas digitais.

> O valor das moedas digitais varia segundo oferta e demanda. Como é um mercado relativamente novo, sua cotação é muito volátil. As criptomoedas podem ser adquiridas diretamente em uma corretora especializada, as exchanges. Outras formas de adquirir criptomoedas é recebê-las como pagamento ou minerá-las (Criptomoedas..., 2022).

Moedas digitais apresentam alguns benefícios não oferecidos pelas moedas físicas e outras modalidades de pagamento, quais sejam: possibilidade de envio e recebimento de qualquer valor, para qualquer lugar do mundo, em segundos; baixas taxas ou isenção de tarifas. Os processamentos financeiros também podem ser realizados sem a identificação pessoal, e as informações ficam armazenadas em blockchain (Bitcoin Developer, 2022).

As criptomoedas têm revolucionado o sistema financeiro, motivando os bancos centrais a buscarem uma forma de utilizar essa tecnologia para digitalizar suas próprias moedas.

> Segundo David Solomon, CEO do Banco Goldman Sachs, citado por Josa (2021), "Os bancos centrais estão procurando moedas digitais, trabalhando para aplicar esta tecnologia aos mercados locais e determinar o impacto de longo prazo nos sistemas de pagamento globais".

A evolução das moedas é também importante porque estimulou a criação do blockchain. Para que a estrutura dessa cadeia se mantenha estável e inviolável, seu sistema é totalmente distribuído e continua constante e em funcionamento mesmo que um dos usuários (ou nós) se desligue da operação (Alecrim, 2018b). Como os dados no blockchain não podem ser apagados ou alterados, esse sistema também tem sido utilizado para outras aplicações, como em serviços financeiros e sistemas de governos, para maior transparência nas contas públicas e combate à lavagem de dinheiro.

O blockchain tem se mostrado relevante para uma aplicação em difusão, a **gestão de contratos** ou **contratos inteligentes**. Esse processo pode combater falsificação de identidades e ser empregado na gestão de contratos eletrônicos ou transferência de propriedade. Softwares especializados integrados a sistemas de blockchain podem fazer verificações e registrar operações que, entre outros benefícios, evitarão erros nos contratos os quais podem representar prejuízos para as empresas. O blockchain pode ser empregado para compartilhamento de praticamente qualquer informação. Por essa razão, tem contribuído para a gestão de patentes e direitos autorais, com a associação de uma obra a uma pessoa, além da distribuição de documentação de sistemas, manuais de uso, artigos acadêmicos, livros digitais e afins (Bitcoin Developer, 2022).

capítulo 6

Figura 6.1 – Fluxo da transação com blockchain

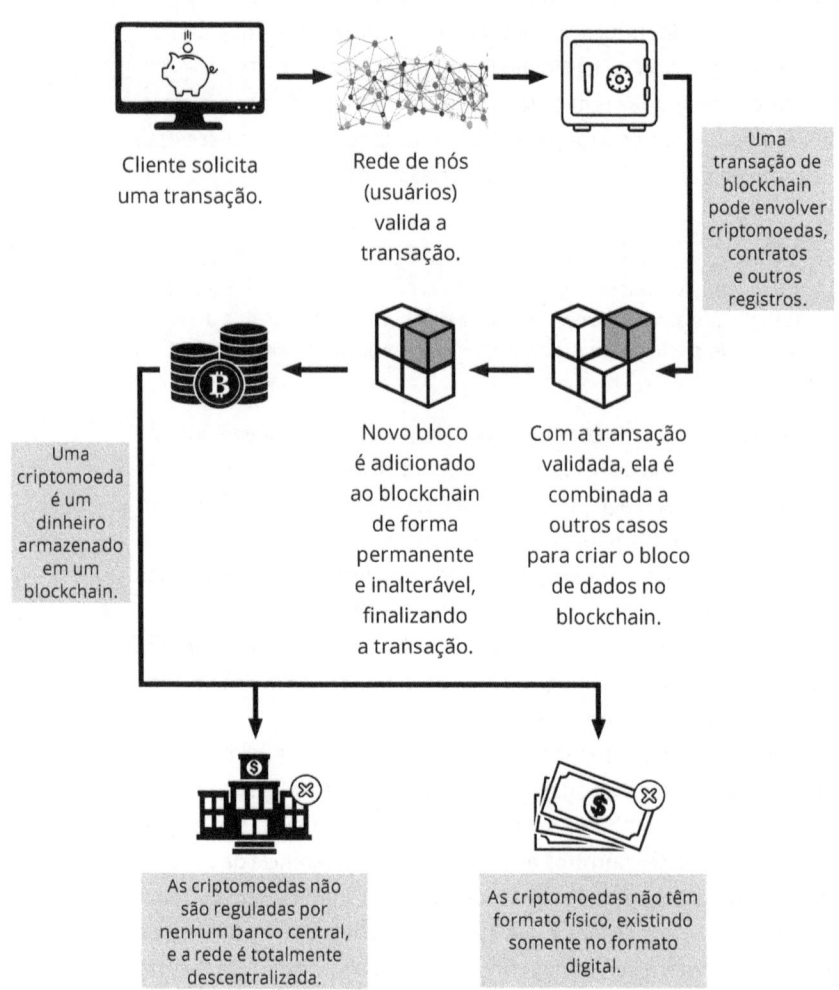

- Cliente solicita uma transação.
- Rede de nós (usuários) valida a transação.
- Uma transação de blockchain pode envolver criptomoedas, contratos e outros registros.
- Com a transação validada, ela é combinada a outros casos para criar o bloco de dados no blockchain.
- Novo bloco é adicionado ao blockchain de forma permanente e inalterável, finalizando a transação.
- Uma criptomoeda é um dinheiro armazenado em um blockchain.
- As criptomoedas não são reguladas por nenhum banco central, e a rede é totalmente descentralizada.
- As criptomoedas não têm formato físico, existindo somente no formato digital.

stockvit, Raevsky Lab, loftystyle, HADI_TRESNANTAN, Erta, Youlanda Yhola, Tsunami Designer, RANI ICON, VoodooDot/Shutterstock

A tecnologia blockchain mostra-se muito promissora para usuários individuais, empresas de todos os portes, governos e outras instituições. No e-business, muitas transações já são asseguradas com contratos resguardados por blockchain e, no e-commerce, algumas lojas virtuais já aceitam pagamento com Bitcoin.

A utilização do blockchain também abriu novas possibilidades de negócios digitais, e uma delas é o **NFT**, ou **non fungible token** (em português, token não fungível). Essa tecnologia permite o registro de originalidade e autenticidade de um elemento digital por meio de registros em blockchain, conferindo aos elementos digitais o status de bens.

> Artigos não fungíveis são aqueles relacionados a obras de artes ou artigos raros de grande valor, como pinturas, esculturas e objetos de coleção.

Com a tecnologia NFT, é possível fazer o registro de materiais digitais, e esses elementos ganham autenticidade e raridade, gerando exclusividade e originalidade para elementos criados no mundo digital, que ganham status de bens digitais. Logo, todas as informações produzidas no ambiente digital passam a ter valor – pode ser um meme, um gif ou mesmo uma imagem em rede social. Exemplificando: assim como no mundo das artes, o primeiro meme tem seu valor, mas os outros iguais passam a ser considerados cópias e reproduções desse primeiro; logo, não apresentam originalidade para a venda. A grande maioria desses elementos digitais nem chega a ter valor comercial, mas alguns desses ativos já foram vendidos por milhões de dólares. Assim, o primeiro post em uma rede social ou a primeira postagem de um meme tem um valor fungível e o proprietário pode vender os direitos sobre esses elementos. Essa tecnologia tem movimentado milhões de dólares e já é tendência de inovação no mundo das artes.

6.4 Transformação digital e 5G

A grande transformação promovida pela **tecnologia 5G** é a velocidade. De acordo com o programa Brasil País Digital: "A tecnologia [5G] pode ser até 20 vezes mais rápida do que as redes atuais, além de ter uma cobertura mais ampla e conexões mais estáveis" (Transformação..., 2022).

capítulo 6

> Empresas como Netflix, Uber, Waze, WhatsApp e Spotify surgiram somente quando a tecnologia 4G foi desenvolvida. De modo semelhante, novos aplicativos surgirão para aproveitar totalmente a rede 5G e as grandes evoluções tecnológicas do século XXI (Correia, 2020).

Na era 2G, tornou-se possível o envio de SMS e de e-mail pelo celular. Com a chegada do 3G, viabilizou-se o envio de fotos e vídeos para outros dispositivos. A tecnologia 4G, por sua vez, aumentou bastante a velocidade, permitindo baixar conteúdo, fazer transmissões on-line e atividades via streaming, como ouvir música e assistir filmes. Nos tempos atuais, a grande inovação do 5G está na velocidade de conexão (Correia, 2020). A indústria 4.0, a telemedicina, os meios de transporte e grande variedade de dispositivos poderão se comunicar e se conectar entre si e com as pessoas.

A conexão de dispositivos, como celulares e computadores, aos itens utilizados no dia a dia, como eletrodomésticos, meios de transporte, máquinas, equipamentos e até roupas (wearables), é chamada de *internet das coisas* (IoT em inglês, Internet of Things).

A gênese da internet das coisas aparece em um artigo (Venkatesh, 1996) no qual se previa uma tecnologia utilizada para fins domésticos mais amigáveis, com interface que não requisitava conhecimentos técnicos. Entretanto, o termo *internet das coisas*, ou *internet of things* (IoT), data de 1999, quando foi aplicado por Kevin Ashton. Especialistas acreditam que essa transformação tecnológica pode ser maior que o próprio desenvolvimento do mundo on-line como o conhecemos hoje (Galegale et al., 2016).

Atualmente, vários objetos e aparelhos podem se conectar e auxiliar nas tarefas domésticas: eletrodomésticos, dispositivos de iluminação e climatização, portas e janelas inteligentes e artigos de decoração. Todavia, a internet das coisas vai muito além de resolver pequenos problemas domésticos; pode controlar sistemas de trânsito, transporte de uma cidade inteira e propor melhorias na iluminação urbana, no sistema de coleta de lixo e esgoto, entre muitas outras inovações para as cidades inteligentes, as chamadas *smart cities* (Alecrim, 2016).

> Cientes de toda essa conexão e usabilidade, as grandes empresas já estão envolvidas em iniciativas para unificar a internet das coisas, padronizando os protocolos de conexões, já que essa inovação afetará todos os setores, casas, cidades, escolas, hospitais e indústrias.

A internet das coisas também pode minimizar problemas de segurança, fraudes e furtos, pois, com dispositivos mais conectados, a rastreabilidade será facilitada e acelerada. Um exemplo é um carro conectado que reconhece seu condutor por meio de câmeras de reconhecimento facial. Com essa informação, pode disponibilizar recursos personalizados para o motorista, como a agenda do dia, e recomendar músicas e locais. Caso o sistema não reconheça o usuário, pode mandar as imagens para centrais de segurança ou para o proprietário do veículo, impedindo furtos.

Nas fábricas e indústrias, essa tecnologia intensificará a indústria 4.0, inserindo nos processos robôs autônomos, dispositivos digitais interligados, realidade aumentada e outras formas de fornecer dados captados e controlados digitalmente, a fim de controlar e maximizar a produção mesmo a distância.

Tecnologias como a realidade aumentada serão difundidas, pois os recursos de imersão precisam de uma alta qualidade de conexão de internet. Com o aumento da velocidade de conexão, produtores de conteúdo lançarão mão de recursos de realidade aumentada e realidade virtual.

6.5 Redes ubíquas de computação sensorial

As observações do cientista-chefe da Xerox, Mark Weiser, no fim dos anos 1980, sobre a interação e a relação homem-máquina levou à criação do termo *computação ubíqua*. Seus estudos sobre o convívio das pessoas com os computadores e com a tecnologia conduziram à conclusão de que as melhores e mais bem aceitas ferramentas são aquelas que se tornam imperceptíveis, que são usadas inconscientemente pelas pessoas (Weiser, 1991).

> "As tecnologias mais exitosas são aquelas que desaparecem. Elas se entrelaçam com o cotidiano até que se tornem indistinguíveis dele."
> (Weiser, 1991, tradução nossa)

A tecnologia vem notadamente se entrelaçando com a atividade humana. A sociedade tem se tornado dependente de recursos tecnológicos para realizar suas atividades, e involuntária ou inconscientemente vai apreendendo novas tecnologias e novas formas de utilização de recursos e inovações. Alguns dispositivos chegam a ser considerados indispensáveis, pois foram incorporados de tal forma ao cotidiano que não se imagina a vida sem eles. Equipamentos como aparelhos de celular costumeiramente são considerados uma extensão do corpo e da mente humana.

A **computação ubíqua**, também chamada de *computação pervasiva* ou *inteligência ambiental*, propõe que os elementos tecnológicos sejam imperceptíveis com a interação humana, sendo a usabilidade a mais natural e integrada possível. Portanto, as pessoas usam seus recursos sem perceber que estão diante de uma interface de tecnologia e realizam as tarefas sem preocupações com aprendizado ou com o dispositivo utilizado.

A internet das coisas, com dispositivos inteligentes que permitem a interação com o ambiente, é uma materialização da computação ubíqua. A evolução dos dispositivos fará a tecnologia ficar imperceptível, as cidades contarão com ambientes interativos e a sensação de estar conectado à internet deixará de existir, já que essa conexão será naturalizada como se fizesse parte da existência humana.

Ademais, a computação ubíqua já está proporcionando uma rede mais estável, dispositivos com maior poder de processamento e conexão de sistemas mais integrados e mais seguros.

6.6 Realidade virtual e realidade aumentada

Embora a realidade virtual e a realidade aumentada tenham nomes parecidos, essas aplicações apresentam conceitos, recursos, características e funcionalidades diferentes. A realidade virtual permite a imersão em 360°; sua experiência se assemelha ao transporte do usuário a outra realidade ou ambiente, a um universo totalmente diferente do local em que se encontra. Na realidade aumentada, há uma interação com o ambiente, com o acréscimo de certos elementos (Totvs, 2020). Convém clarificarmos tal distinção.

A **realidade virtual**, ou VR (virtual reality), é um sistema computacional desenvolvido para dar a sensação de realidade no ambiente virtual e possibilitar que o usuário interaja como se estivesse no mundo real. Atualmente, as aplicações de realidade virtual permitem uma imersão em 360° por meio de um dispositivo. É aplicada, por exemplo, em treinamentos, a demonstração de espaços como apartamentos decorados, obras futuras, cenários de filmes ou simulação de viagens e passeios. Essa tecnologia, portanto, permite o transporte do usuário virtualmente para um universo totalmente diferente da realidade.

Figura 6.2 – Realidade virtual

A VR geralmente demanda um dispositivo ou interface, e o equipamento mais utilizado são os óculos de realidade virtual. Essa interface proporciona uma experiência de interação com o virtual, com a máxima sensação de realidade. Também apresenta efeitos visuais, sonoros e táteis para que a imersão do usuário no ambiente virtual simulado seja uma experiência completa.

> Existem experimentos em que o usuário da VR participa de filmes de forma imersiva. Pode, até mesmo, ser um dos personagens. Inovações como essa transformarão a indústria do entretenimento.

Os mundos virtuais, ou metaverso, também são uma das perspectivas que podem ser atingidas pela VR. De alguma forma, essa tecnologia será porta de entrada para novas realidades, nas quais as pessoas poderão interagir, fazer reuniões, se relacionar com pessoas e fazer compras.

A alta velocidade de conexão também está promovendo a **realidade aumentada**, uma tecnologia que integra o mundo real com o virtual, permitindo uma maior interação com objetos e situações que não existem no mundo real (Totvs, 2020).

Até o momento, os casos mais bem-sucedidos figuram no setor de games e entretenimento. Essa aplicação se popularizou com o jogo Pokémon Go; em seguida, outros jogos passaram a utilizar a mesma solução. Essa tecnologia insere no ambiente elementos que só são percebidos pelos dispositivos, os quais podem demonstrar aspectos complexos. Por isso, sua utilização já é reconhecida como uma das grandes tendências na educação e no comércio.

> Um exemplo de realidade aumentada são os filtros de fotos e vídeos para o Instagram, um recurso que insere elementos que não fazem parte da cena, ou do personagem, como orelhas de gatinhos ou óculos, em um contexto de interação com a cena e com o usuário.

Empresas de cosméticos usam a realidade aumentada para orientar a escolha de uma maquiagem ou um batom. Diversos setores vêm aplicando os recursos da realidade aumentada; as escolas, por exemplo, usam essa tecnologia para melhorar o ensino com a inserção de elementos ou ampliação de objetos para um melhor aprendizado. Já é possível frequentar uma aula de Biologia em que a realidade aumentada pode ampliar o tamanho de insetos ou outros animais para potencializar o aprendizado. No varejo, algumas lojas disponibilizam um espelho digital para que seus clientes experimentem produtos sem precisar usá-los de fato. Com o aumento da velocidade de conexão e dos recursos dos dispositivos, a perspectiva é que essa tecnologia avance nos próximos anos, tornando-se parte do cotidiano de uma ampla parcela da sociedade.

> No comércio eletrônico, alguns recursos de realidade aumentada estão sendo aplicados, como filtros para o consumidor experimentar óculos, batons, roupas ou para demonstrar mais elementos de um produto, como detalhes de um equipamento. Os avanços colocam a realidade aumentada no centro das tendências para as lojas virtuais. Em um futuro próximo, a maioria das compras on-line conterão uma experiência de realidade aumentada e virtual.
> Algumas lojas e supermercados já disponibilizam a realidade aumentada para dar mais informações sobre produtos.

A realidade aumentada também vem sendo utilizada na indústria 4.0, facilitando os treinamentos para o uso de equipamentos e o reconhecimento de processo, com uma experiência mais imersiva.

Figura 6.3 – Realidade aumentada

6.7 O futuro do comércio baseado na web

Os avanços tecnológicos e todas as inovações que os precedem indicam um grande crescimento nos negócios digitais e no e-commerce. As tendências que expusemos neste capítulo reforçam um cenário favorável para o desenvolvimento de e-business, com muitas oportunidades a serem exploradas. O empreendedor que seguir esse caminho com criatividade e persistência tem perspectiva de bom retorno e sucesso.

Uma empresa atuar na internet e transacionar no mundo digital; isso deixou de ser um diferencial. Organizações que não se utilizam dos canais digitais de divulgação e venda de seus produtos estão perdendo participação no mercado. A cada ano, novos consumidores passam a utilizar os recursos digitais para fazer compras, navegar nas redes sociais, usar plataformas de streaming, consultar saldo bancário e realizar diversas atividades e aplicações providas por empresas de e-business.

O grande desafio para as empresas tradicionais é se reinventar para também operar no mercado digital. Os problemas provocados pela pandemia de coronavírus mostraram que é possível, mesmo para pequenos negócios, buscar soluções no meio digital. Durante a pandemia, milhares de empresários migraram seus negócios para plataformas de vendas digitais, vendas pelas redes sociais, aplicativos de mensagem e marketplaces. Pequenos restaurantes, que atendiam exclusivamente de forma presencial, precisaram se reinventar, apostaram no delivery, começaram a participar de plataformas de marketplace, como iFood e UberEats, e se posicionaram nas redes sociais para divulgação de seus produtos. Assim, além de buscarem viabilidade, conquistaram seu espaço, inserindo-se nos negócios digitais.

A pandemia também acelerou outras atividades on-line, como o comércio eletrônico, os aplicativos financeiros, as plataformas de teleconferência e o trabalho remoto. Aplicativos de transporte aumentaram sua base de clientes, e o ensino a distância (EaD) definitivamente conquistou seu papel como ferramenta de aprendizado. A telemedicina, que sofria muita rejeição no Brasil, passou a ter maior aceitação com a pandemia, sendo utilizada em larga escala por médicos, nutricionistas, psicólogos, fisioterapeutas e outros profissionais da saúde (Barroso, 2021). O consumidor também está mudando: o cliente digital é mais bem informado, mais exigente, conectado e busca preços mais vantajosos com bom atendimento e agilidade.

A tendência é o fortalecimento do comércio eletrônico, mesmo com o crescimento expressivo alcançado com a crise do coronavírus, a julgar pela quantidade e pela velocidade dos avanços tecnológicos e da transformação digital da sociedade. Com essa mudança, os estabelecimentos físicos devem também se adaptar e adotar estratégias híbridas, com vendas digitais e no ambiente físico. Outra possibilidade é oferecer uma experiência omnichannel, ou multicanal. Independentemente do modelo adotado, a comercialização por meios convencionais e digitais deve ser integrada, deixando a experiência do consumidor mais harmônica e suprimindo os obstáculos entre os diferentes canais.

A logística e os sistemas de entrega de produtos serão revistos, impactando diretamente o comércio eletrônico. Uma alternativa, não tão distante, são as entregas por drones. Outra possibilidade são os veículos de frete automatizados, como automóveis e caminhões autônomos, já em teste, guiados por sistemas web.

A transformação da moeda é outra disrupção vislumbrada para os próximos anos. As transações com dinheiro físico serão raras, e os meios de pagamentos digitais como Pix, carteiras digitais, tecnologias de aproximação e criptomoedas dominarão o mercado, tornando o processo mais fácil, ágil e seguro.

Por fim, será preciso observar as oportunidades e os impactos promovidos por outras tecnologias como a robótica e a nanotecnologia, a realidade aumentada e a realidade virtual, a internet das coisas e a inteligência artificial. Mais do que uma tendência, essas inovações são, inquestionavelmente, o futuro dos negócios digitais.

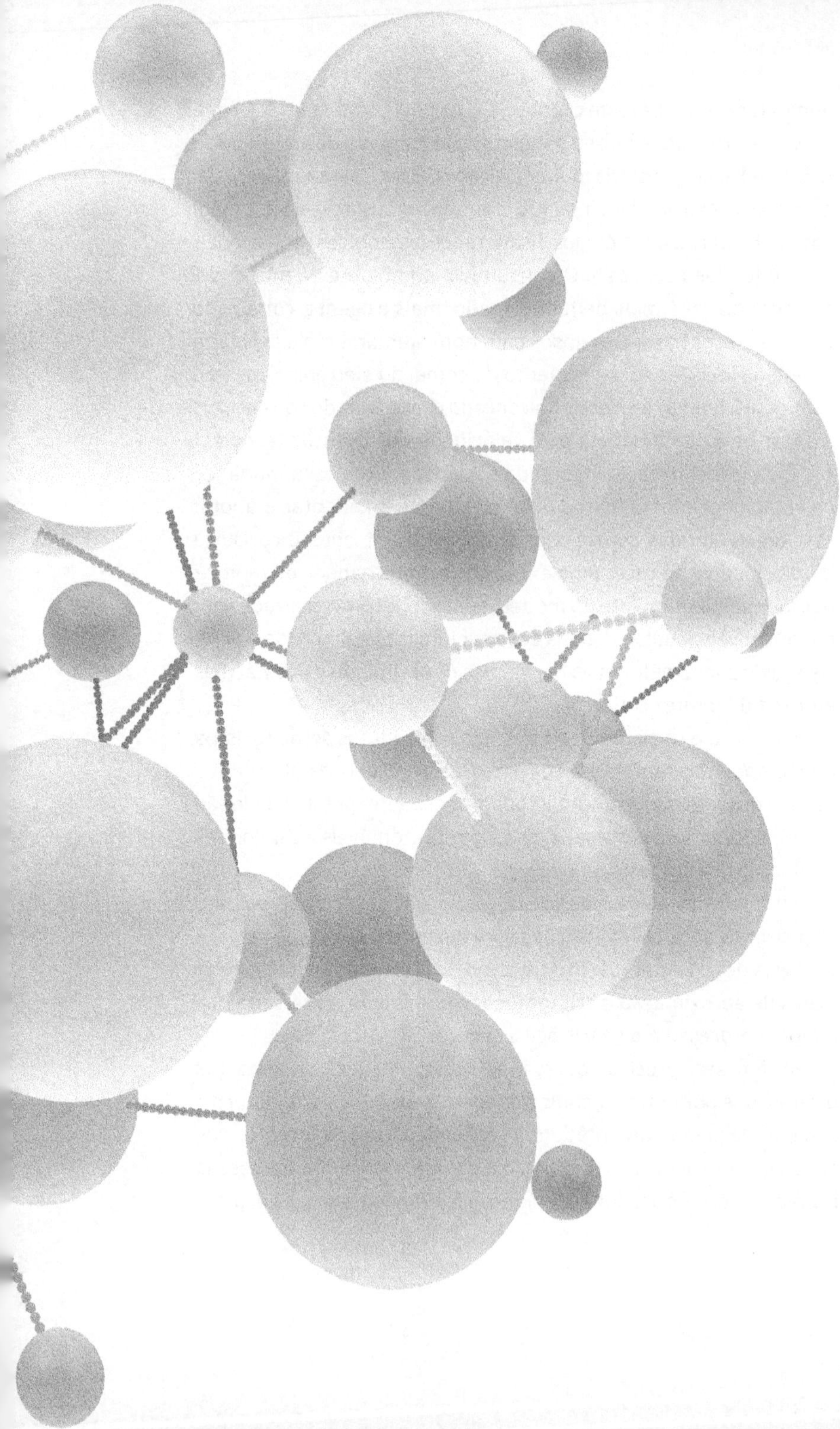

Considerações finais

O futuro da sociedade e dos negócios digitais se aproxima a uma velocidade impressionante. Inovações como o carro autônomo e o drone que transporta passageiros pela cidade, antes vistas somente em filmes de ficção científica, já são experimentos e em breve serão parte de nossas vidas. Outras inovações promovidas pela internet foram assimiladas tão rapidamente que muitos nem param para refletir que essa mudança se deu praticamente em uma geração. O rádio e a televisão demoraram anos para atingir o número de um milhão de usuários; hoje, aplicativos com novos serviços conseguem atingir esse número em dias, às vezes em horas. Essa velocidade assombrosa de inovação ainda tende a aumentar muito com a aplicação da tecnologia para acelerar o desenvolvimento, como a inteligência artificial.

Os negócios digitais também têm se modificado rapidamente. Novas oportunidades surgem a todo instante, gerando novas demandas, novas exigências, instaurando novas soluções, o que sustenta uma espiral que impulsiona a tecnologia e os negócios digitais de modo exponencial. O futuro dos negócios digitais está unido ao futuro da sociedade moderna – novas empresas proporão soluções para os problemas das pessoas, e esse ciclo forjará a nova identidade da sociedade, mais conectada e mais interativa.

Nosso interesse neste livro foi refletir sobre a inovação tecnológica sob uma ótica de oportunidades e negócios, mostrando que, para empreendedores atentos, as possibilidades digitais existem e dependem de criatividade e inovação para serem colocadas em prática.

Desse modo, buscamos entender o cenário do e-business e do e-commerce, suas diversas possibilidades de negócios e alguns modelos de negócio que romperam as estruturas de seu setor, os negócios disruptivos. Os negócios digitais têm evoluído e, no mundo todo, empreendedores criam empresas para oferecer soluções a problemas que ainda podem nem mesmo ter sido percebidos com clareza pela sociedade, com uma visão inovadora, por meio da revolução tecnológica. Essa nova modalidade de negócios vem remodelando a sociedade, e hoje empresas digitais estão inseridas em nosso dia a dia, às vezes, de modo imperceptível. Cabe ao profissional de negócios digitais estar atento a todos esses movimentos do mercado.

Lista de siglas

Abstartups	Associação Brasileira de Startups
API	application programming interface (interface de programação de aplicação)
BCB	Banco Central do Brasil
BI	Business Inteligence (Inteligência Empresarial)
BTC	Bitcoin
CBDC	Central Bank Digital Currency (moeda digital gerida por banco central)
CD	centro de distribuição
CDC	Código de Defesa do Consumidor
COI	Comitê Olímpico Internacional
COM	custo por mil
CPA	custo por aquisição
CPC	custo por clique
CRM	customer relationship management (gestão de relacionamento com o cliente)
CSLL	Contribuição Social sobre o Lucro Líquido
DNS	Domain Name Servers (Sistema de Nomes de Domínio)
EaD	ensino a distância
ECA	Estatuto da Criança e do Adolescente
EPP	empresa de pequeno porte
ERP	enterprise resource planning (planejamento dos recursos empresariais)
http	Hypertext Transfer Protocol (Protocolo de Transferência de Hipertexto)
https	Hypertext Transfer Protocol Secure (Protocolo de Transferência de Hipertexto Seguro)
IA	inteligência artificial
IaaS	infrastructure as a service (infraestrutura como um serviço)

IBGE	Instituto Brasileiro de Geografia e Estatística
ICMS	Imposto sobre Circulação de Mercadorias e Serviços
IoT	Internet of Things (internet das coisas)
IP	Internet Protocol (Protocolo de Internet)
IPO	Initial Public Offering, ou oferta pública inicial
IRPJ	Imposto de Renda de Pessoa Jurídica
ISS	Imposto sobre Serviços
ISSQN	Imposto Sobre Serviços de Qualquer Natureza
LGPD	Lei Geral de Proteção de Dados Pessoais
ME	microempresa
MEI	microempreendedor individual
MRP	materials requirements planning (planejamento de recursos de produção)
MVP	Minimum Viable Product (Mínimo Produto Viável)
NFC	Near Field Communication (comunicação por campo de proximidade)
NFT	non fungible token (token não fungível)
OCDE	Organização para Cooperação e Desenvolvimento Econômico
OMS	Organização Mundial da Saúde
Opas	Organização Pan-Americana da Saúde
PaaS	plataform as a service (plataforma como um serviço)
PNAD Contínua	Pesquisa Nacional por Amostra de Domicílios Contínua
RH	recursos humanos
SaaS	software as a service (software como um serviço)
Sebrae	Serviço Brasileiro de Apoio às Micro e Pequenas Empresa
Serpro	Serviço Federal de Processamento de Dados
TCP	Transmission Control Protocol (Protocolo de Controle de Transmissão)
TI	tecnologia da informação
UE	União Europeia
UGC	Usuário gerando conteúdo
UX	user experience (experiência do usuário)
VR	virtual reality (realidade virtual)
www	world wide web (rede de alcance mundial)

Referências

ABREU, L. O que são mídias digitais, quais os tipos, benefícios e como fazer seu planejamento! **Rock Content**, 14 abr. 2019. Disponível em: <https://rockcontent.com/br/blog/midia-digital/>. Acesso em: 23 jan. 2023.

AGEC. **Lei do e-commerce e direitos do consumidor**: saiba mais! Disponível em: <https://www.agececommerce.com.br/blog-lei-do-e-commerce-e-direitos-do-consumidor-saiba-mais/>. Acesso em: 20 jan. 2023.

ALECRIM, E. Machine learning: o que é e por que é tão importante. **Tecnoblog**, 2018a. Disponível em: <https://tecnoblog.net/247820/machine-learning-ia-o-que-e/>. Acesso em: 24 jan. 2023.

ALECRIM, E. O que é IP? Saiba para que serve e como funciona. **Infowester**, 8 maio 2018b. Disponível em: <https://www.infowester.com/ip.php>. Acesso em: 19 jan. 2023.

ALECRIM, E. O que é Internet das Coisas (IoT)? **Infowester**, 3 mar. 2016. Disponível em: <https://www.infowester.com/iot.php>. Acesso em: 24 jan. 2023.

ALVES, P. Leilão online é confiável? Entenda como funciona e como participar. **Techtudo**, 9 ago. 2020. Disponível em: <https://www.techtudo.com.br/listas/2020/08/leilao-online-e-confiavel-entenda-como-funciona-e-como-participar.ghtml>. Acesso em: 23 jan. 2023.

AMORIM, R. S. IaaS, PaaS e SaaS. Qual a diferença? **Lambda3**, 3 ago. 2017. Disponível em: <https://www.lambda3.com.br/2017/08/iaas-paas-e-saas-qual-a-diferenca/#disqus_thread>. Acesso em: 20 jan. 2023.

AMORIM, S. O que é uma startup unicórnio e quais são as principais do mercado nacional? **Enotas**. Disponível em: <https://enotas.com.br/blog/startup-unicornio/>. Acesso em: 22 jan. 2023.

ANNUAL U.S. e-Commerce sales from 2002 to 2014. **Statista**, 27 maio 2015. Disponível em: <http://www.statista.com/statistics/172682/us-e-commerce-sales-since-2000/>. Acesso em: 18 jan. 2023.

ATAQUE hacker: o que fazer? Orientações para empresas. **Microservice**. Disponível em: <https://www.microserviceit.com.br/ataque-hacker/>. Acesso em: 20 jan. 2023.

AURUM. O que são Lawtechs e Legaltechs e como elas beneficiam advogados. **Aurum**, 15 fev. 2021. Disponível em: <https://www.aurum.com.br/blog/lawtech-e-legaltech/>. Acesso em: 23 jan. 2023.

BAPTISTA, R. Lei com penas mais duras contra crimes cibernéticos é sancionada. **Senado Notícias**, 28 maio 2021. Disponível em: <https://www12.senado.leg.br/noticias/materias/2021/05/28/lei-com-penas-mais-duras-contra-crimes-ciberneticos-e-sancionada>. Acesso em: 20 jan. 2023.

BARROSO, A. S. Negócios digitais no presente e no futuro. **Radar do Futuro**, 13 abr. 2021. Disponível em: <https://radardofuturo.com.br/negocios-digitais-no-presente-e-no-futuro/>. Acesso em: 24 jan. 2023.

BCB – Banco Central do Brasil. **Infraestrutura relacionada ao Pix Saque e ao Pix Troco está disponível**. 2022a. Disponível em: <https://www.bcb.gov.br/detalhenoticia/594/noticia>. Acesso em: 24 jan. 2023.

BCB – Banco Central do Brasil. **Real digital**. 2022b. Disponível em: <https://www.bcb.gov.br/estabilidadefinanceira/real_digital>. Acesso em: 24 jan. 2023.

BERTHOLDO. **O que é E-commerce?** Como funciona e os melhores em 2022. 4 jan. 2022. Disponível em: <https://www.bertholdo.com.br/blog/o-que-e-e-commerce/>. Acesso em: 18 jan. 2023.

BEZERRA, S. Mais de 220 milhões de usuários do Deezer têm dados vazados; saiba como proteger a sua empresa. **StartSe**, 23 jun. 2021. Disponível em: <https://app.startse.com/artigos/o-que-ciberseguranca>. Acesso em: 20 jan. 2023.

BITCOIN DEVELOPER. **Block Chain**. Disponível em: <https://developer.bitcoin.org/devguide/block_chain.html>. Acesso em: 24 jan. 2023.

BOHRER, T. Saúde e tecnologia: automação da administração hospitalar. **Ingram**, 25 jan. 2021. Disponível em: <https://blog.ingrammicro.com.br/tecnologia-solucao-e-informacao/saude-e-tecnologia/>. Acesso em: 23 jan. 2023.

BOLINA, L. Modelo de negócio: tudo o que você precisa saber para elaborar o seu. **Rock Content**, 13 out. 2016. Disponível em: <https://rockcontent.com/br/blog/modelo-de-negocio/>. Acesso em: 19 jan. 2023.

BRASIL. Decreto n. 7.962, de 15 de março de 2013. **Diário Oficial da União**, Poder Executivo, Brasília, DF, 15 mar. 2013. Disponível em: <https://www.planalto.gov.br/ccivil_03/_ato2011-2014/2013/decreto/d7962.htm>. Acesso em: 20 jan. 2023.

BRASIL. Lei n. 8.069, de 13 de julho de 1990. **Diário Oficial da União**, Poder Legislativo, Brasília, DF, 16 jul. 1990a. Disponível em: <http://www.planalto.gov.br/ccivil_03/leis/l8069.htm>. Acesso em: 20 jan. 2023.

BRASIL. Lei n. 8.078, de 11 de setembro de 1990. Diário Oficial da União, Poder Legislativo, Brasília, DF, 12 set. 1990b. Disponível em: <https://www.planalto.gov.br/ccivil_03/leis/l8078compilado.htm>. Acesso em: 20 jan. 2023.

BRASIL. Lei n. 12.737, de 30 de novembro de 2012. **Diário Oficial da União**, Poder Legislativo, Brasília, DF, 3 dez. 2012. Disponível em: <http://www.planalto.gov.br/ccivil_03/_ato2011-2014/2012/lei/l12737.htm>. Acesso em: 20 jan. 2023

BRASIL. Lei n. 13.709, de 14 de agosto de 2018. **Diário Oficial da União**, Poder Executivo, Brasília, DF, 15 ago. 2018. Disponível em: <https://www.planalto.gov.br/ccivil_03/_ato2015-2018/2018/lei/l13709.htm>. Acesso em: 20 jan. 2023.

BRASIL. **Projeto de Lei n. 4401/2021 (N. Anterior: PL 2303/2015)**. Disponível em: <https://www.camara.leg.br/proposicoesWeb/fichadetramitacao?idProposicao=1555470>. Acesso em: 3 nov. 2022.

CAETANO, E. O que é hacker? **Brasil Escola**. Disponível em: <https://brasilescola.uol.com.br/informatica/o-que-e-hacker.htm>. Acesso em: 20 jan. 2023.

CÂMARA DOS DEPUTADOS. **Projeto de Lei n. 4401/2021 (N. Anterior: PL 2303/2015)**. Disponível em: <https://www.camara.leg.br/proposicoesWeb/fichadetramitacao? idProposicao=1555470>. Acesso em: 24 jan. 2023.

CARRILO, A. F. Crescimento das startups: veja o que mudou nos últimos cinco anos! **Abstartups**, 11 fev. 2020 Disponível em: <https://abstartups.com.br/crescimento-das-startups/>. Acesso em: 18 jan. 2023.

CARVALHO, R. O que é LGPD e o impacto nos negócios digitais. **Herospark**, 30 out. 2020. Disponível em: <https://herospark.com/blog/o-que-e-lgpd/>. Acesso em: 20 jan. 2023.

CARVALHO, R. O que é um digital influencer e como se tornar? [dicas práticas]. **HerosPark**, 27 mar. 2021. Disponível em: <https://herospark.com/blog/digital-influencer/>. Acesso em: 23 jan. 2023.

CASTELLS, M. **A sociedade em rede**: a era da informação – economia, sociedade e cultura. 6. ed. São Paulo: Paz e Terra, 1990.

CASTELLS, M. **A sociedade em rede**. 7. ed. São Paulo: Paz e Terra, 2003. v. 1.

CHAKRAVORTI, B.; CHATURVEDI, R. S. Ranking 42 Countries by Ease of Doing Digital Business. **Harvard Business Review**, 5 set. 2019. Disponível em: <https://hbr.org/2019/09/ranking-42-countries-by-ease-of-doing-digital-business?autocomplete=true>. Acesso em: 18 jan. 2023.

CHRISTENSEN, C. M. **O dilema da inovação**: quando as novas tecnologias levam empresas ao fracasso. São Paulo: M. Books, 2019.

CHRISTENSEN, C.; JOHNSON, M.; RIGBY, D. Foundations for Growth: How to Identify and Build Disruptive New Businesses, **MITSloan Management Review**, 15 abr. 2002. Disponível em: <https://sloanreview.mit.edu/article/foundations-for-growth-how-to-identify-and-build-disruptive-new-businesses/>. Acesso em: 22 jan. 2023.

CONHEÇA a história da internet, sua finalidade e qual o cenário atual. **Rock Content**, 27 jan. 2020. Disponível em: <https://rockcontent.com/br/blog/historia-da-internet/>. Acesso em: 18 jan. 2023.

CORREIA, B. Examinando: entenda como a tecnologia 5G pode mudar a vida na sociedade. **Exame**, 26 out. 2020. Disponível em: <https://exame.com/videos/examinando/examinando-entenda-como-a-tecnologia-5g-pode-mudar-a-vida-na-sociedade/>. Acesso em: 24 jan. 2023.

COZER, C. Conheça os 42 melhores países para se fazer negócios digitais. **Whow**, 10 set. 2019. Disponível em: <https://www.whow.com.br/vendas/negociosdigitais-novosnegocios-bancomundial-harvard/>. Acesso em: 18 jan. 2023.

CRIPTOMOEDAS: um guia para dar os primeiros passos com as moedas digitais. **InfoMoney**. Disponível em: <https://www.infomoney.com.br/guias/criptomoedas/>. Acesso em: 24 jan. 2023.

CUSTÓDIO, M. User-Generated Content: o que é UGC como aproveitá-lo no Marketing Digital de sua empresa. **Resultados Digitais**, 17 dez. 2019. Disponível em: <https://resultadosdigitais.com.br/blog/user-generated-content/>. Acesso em: 23 jan. 2023.

DATA MINING: o que é e sua relação com o Big Data. **Simply**, 13 jun. 2022. Disponível em: https://blog.simply.com.br/data-mining-e-big-data/. Acesso em: 24 jan. 2023.

DESJARDINS, J. How Long Does It Take to Hit 50 Million Users? **Visual Capitalist**, 8 jun. 2018. Disponível em: <https://www.visualcapitalist.com/how-long-does-it-take-to-hit-50-million-users/>. Acesso em: 18 jan. 2023.

DI GIORGI. F. E-commerce, fases evolutivas, estratégias, características e limitações. **Revista E-commerce Brasil** v. 10, n. 59, p. 14, 2020. Disponível em: <https://issuu.com/ecommercebrasil/docs/revista_ecb_59_1_>. Acesso em: 24 jan. 2023.

DISRUPÇÃO. Dicionário Michaelis. Disponível em: <https://michaelis.uol.com.br/moderno-portugues/busca/portugues-brasileiro/disrupção/>. Acesso em: 22 jan. 2023.

ECONOMIA colaborativa: entenda o conceito e suas vantagens. **Emeritus**, 1 jun. 2020. Disponível em: <https://brasil.emeritus.org/economia-colaborativa/>. Acesso em: 23 jan. 2023.

FEIJÓ, B. V. 5 dicas para empreender com games. **Pequenas Empresas & Grandes Negócios**, 21 out. 2017. Disponível em: <https://revistapegn.globo.com/Festival-de-Cultura-Empreendedora/noticia/2017/10/5-dicas-para-empreender-com-games.html>. Acesso em: 24 jan. 2023.

FERNANDES, R. Hotmart afiliado: como funciona o programa de vendas pela internet. **Techtudo**, 20 fev. 2021. Disponível em: <https://www.techtudo.com.br/noticias/2021/02/hotmart-afiliado-como-funciona-o-programa-de-vendas-pela-internet.ghtml>. Acesso em: 23 jan. 2023.

FERREIRA, D. B.; OLIVEIRA, R. C. R. Mundos virtuais, realidade aumentada, termos de uso e solução de conflitos. **Tempero Jurídico**. Disponível em: <https://temperojuridico.com.br/artigos/artigos-2/mundos-virtuais,-realidade-aumentada,-termos-de-uso-e-solu%C3%A7%C3%A30-de-conflitos.html>. Acesso em: 23 set. 2022.

FIORI, D. E-commerce cresce, mesmo durante a pandemia. **Abcomm**, 27 maio 2020. Disponível em: <https://abcomm.org/noticias/e-commerce-cresce-mesmo-durante-a-pandemia/>. Acesso em: 20 jan. 2023.

FONSECA, L. Estratégia omnichannel: uma nova experiência de consumo. **Rock Content**, 22 jul. 2017. Disponível em: <https://rockcontent.com/br/blog/omnichannel/>. Acesso em: 24 jan. 2023.

FREITAS, G. 78% do faturamento do e-commerce brasileiro vem de marketplaces. **E-commerce Brasil**, 28 ago. 2022. Disponível em: <https://www.ecommercebrasil.com.br/noticias/faturamento-e-commerce-brasileiro-marketplaces>. Acesso em: 3 nov. 2022.

GABRIEL, L. O que é CRM e como ele otimiza o seu relacionamento com os seus clientes. **Rock Content**, 26 jul. 2019. Disponível em: <https://rockcontent.com/br/blog/o-que-e-crm/>. Acesso em: 19 jan. 2023.

GALEGALE, G. P. Internet das coisas aplicada a negócios: um estudo bibliométrico. Revista de Gestão da Tecnologia e Sistemas de Informação, v. 13, n. 3, p. 423-438, set./dez., 2016. Disponível em: <https://www.scielo.br/j/jistm/a/xVZfWsmzsVY5Tj55YDBDRGG/?lang=pt&format=pdf>. Acesso em: 24 jan. 2023.

GARTNER GROUP. Disponível em: <https://www.gartner.com/en>. Acesso em: 24 jan. 2023.

GLOBAL YODEL. What Is Influencer Marketing? **Huffington Post**, 5 jul. 2016. Disponível em: <https://www.huffpost.com/entry/what-is-influcnermarketing_b_10778128>. Acesso em: 23 jan. 2023.

GONÇALVES, G. 34% dos consumidores pesquisam no smartphone dentro das lojas físicas. **E-commerce Brasil**, 11 mar. 2022. Disponível em: <https://www.ecommercebrasil.com.br/noticias/34-dos-consumidores-pesquisam-no-smartphone-dentro-das-lojas-fisicas/>. Acesso em: 23 set. 2022.

GROSSMANN, L. G. TI precisa de 420 mil novos profissionais até 2024. **Brasscom**, 26 abr. 2019. Disponível em: <https://brasscom.org.br/ti-precisa-de-420-mil-novos-profissionais-ate-2024/>. Acesso em: 18 jan. 2023.

HEALTHTECHS: como a tecnologia está revolucionando a saúde. **FIA Business School**, 25 jul. 2020. Disponível em: <https://fia.com.br/blog/healthtechs/>. Acesso em: 23 jan. 2023.

IBGE – Instituto Brasileiro de Geografia e Estatística. **PNAD Contínua**: Pesquisa Nacional por Amostra de Domicílios Contínua. Disponível em: <https://www.ibge.gov.br/estatisticas/sociais/trabalho/17270-pnad-continua.html?=&t=o-que-e>. 19 jan. 2023.

INTELIGÊNCIA artificial no direito: o que é e principais impactos. **FIA Business School**, 11 set. 2019. Disponível em: <https://fia.com.br/blog/inteligencia-artificial-no-direito/>. Acesso em: 23 jan. 2023.

JOVENS preferem assistir vídeos de games a Netflix, HBO, Hulu, ESPN e Spotify combinados. **CbeS**. Disponível em: <http://cbesports.com.br/artigos/jovens-preferem-assistir-videos-de-games-a-netflix-hbo-hulu-espn-e-spotify-combinados/>. Acesso em: 24 jan. 2023.

JOSA, L. CEO do Goldman Sachs prevê mudanças no dinheiro e está de olho no bitcoin. **Exame**, 15 abr. 2021. Disponível em: <https://exame.com/future-of-money/criptoativos/ceo-do-goldman-sachs-preve-mudancas-no-dinheiro-e-esta-de-olho-no-bitcoin/>. Acesso em: 24 jan. 2023.

JUNQUEIRA, G. Diferença entre e-commerce, m-commerce, s-commerce, c-commerce e t-commerce. **InfoVarejo**, 16 set. 2022. Disponível em: <https://www.infovarejo.com.br/diferenca-entre-e-commerce-e-c-commerce/>. Acesso em: 23 jan. 2023.

JUNQUEIRA, G. ERP, tudo que você precisa saber sobre esse sistema. **InfoVarejo**, 24 abr. 2020. Disponível em: <https://www.infovarejo.com.br/o-que-e-erp/>. Acesso em: 17 jan. 2023.

JUSBRASIL. **Artigo 241B da Lei nº 8.069 de 13 de Julho de 1990**. Disponível em: <https://www.jusbrasil.com.br/topicos/28003220/artigo-241b-da-lei-n-8069-de-13-de-julho-de-1990>. Acesso em: 20 jan. 2023.

KOTLER, P. **Administração de marketing**. 10. ed. Tradução de Bazán Tecnologia e Lingüística. Revisão técnica de Arão Sapiro. São Paulo: Prentice Hall, 2000.

LATINI, FernandoF. H. A história e evolução do ERC. **Conti Consultoria**, 3 set. 2020. Disponível em: <https://conticonsultoria.com.br/a-historia-e-evolucao-do-erp/>. Acesso em: 19 jan. 2023.

LOPES, A, **Ransomware**: por que tantas empresas bilionárias viraram alvos de hackers? 12 jun. 2021. Disponível em: <https://exame.com/tecnologia/ransomware-por-que-tantas-empresas-bilionarias-viraram-alvos-de-hackers/> Acesso em: 20 jan. 2023.

KOVACS, L. O que é live? **Tecnoblog**, 2020. Disponível em: <https://tecnoblog.net/344700/o-que-e-live/>. Acesso em: 19 jan. 2023.

KUVIATKOSKI, C. Spin-off: o que é e como usar para alavancar o seu negócio. **Ideia no ar**, 26 ago. 2022. Disponível em: <https://www.ideianoar.com.br/spin-off/>. Acesso em: 23 jan. 2023.

MARIANO, B. A. da S. Tributação dos negócios digitais: e-commerce – MEI, EPP e ME. **Jusbrasil**, 2020. Disponível em: <https://brunaalvaresmariano.jusbrasil.com.br/artigos/877819854/tributacao-dos-negocios-digitais-e-commerce-mei-epp-e-me>. 20 jan. 2023.

MAYER-SCHONBERG, V.; CROWLEY, J. Napster's Second Life? The Regulatory Challenges of Virtual Worlds. **SSRN Electronic Journal**, jan. 2005. Disponível em: <https://www.researchgate.net/publication/4895562_Napster's_Second_Life The_Regulatory_Challenges_of_Virtual_Worlds>. Acesso em: 24 jan. 2023.

MEIRELES, C.; AMARAL, R. Saiba como a designer Jane McGonigal transformou o mundo através dos games. **Metrópoles**, 11 fev. 2021. Disponível em: <https://www.metropoles.com/colunas/claudia-meireles/saiba-como-a-designer-jane-mcgonigal-transformou-o-mundo-atraves-dos-games>. Acesso em: 24 jan. 2023.

MENDES, J. Indústria de games cresce e se profissionaliza cada vez mais. **Estado de Minas**, 16 out. 2019. Economia. Disponível em: <https://www.em.com.br/app/noticia/economia/2019/10/16/internas_economia,1093076/industria-de-games-cresce-e-se-profissionaliza-cada-vez-mais.shtml>. Acesso em: 24 jan. 2023.

MIL CABEÇAS pensam melhor que uma: saiba tudo sobre crowdsourcing. **Endeavor, Brasil**, 23 set. 2015. Disponível em: <https://endeavor.org.br/estrategia-e-gestao/crowdsourcing/>. Acesso em: 23 jan. 2023.

MINOSSO, L. Streaming: a revolução da música no meio digital. **Fors Clothes & Arts**, 22 dez. 2020. Disponível em: <https://usefors.com.br/conteudo-fd/streaming-a-revolucao-da-musica-no-meio-digital/>. Acesso em: 19 jan. 2023.

MORAES, D. Conteúdo gerado por usuário (UGC): o que é e por que é importante para o seu negócio? **Rock Content**, 20 nov. 2020. Disponível em: <https://rockcontent.com/br/blog/conteudo-gerado-por-usuario/>. Acesso em: 23 jan. 2023.

MURÇA, G. Edtech, fintech, healthtech: entenda quais são os segmentos das startups tech. **Quero Bolsa**, 2 jun. 2021 Disponível em: <https://querobolsa.com.br/revista/edtech-fintech-healthtech-entenda-quais-sao-os-segmentos-das-startups-tech>. Acesso em: 24 jan. 2023.

NEOTRUST. **Relatório anual Neotrust 2021**. 6. ed. Disponível em: <https://cdn.compreconfie.com.br/neotrust/Relat%C3%B3rio_6%C2%BA_Ed.pdf>. Acesso em: 18 jan. 2023.

NETFLIX. **História da Netflix**. Disponível em: <https://about.netflix.com/pt_pt>. Acesso em: 19 jan. 2023.

O QUE É Plataforma como Serviço (PaaS)? **Keywords**, 14 jan. 2020. Disponível em: <https://www.keyworks.com.br/o-que-e-plataforma-como-servico-paas/>. Acesso em: 20 jan. 2023.

OGAWA, M. Global mobile consumer survey: novas formas de trabalhar. **Delloite**. Disponível em: <https://www2.deloitte.com/br/pt/pages/technology-media-and-telecommunications/articles/mobile-survey.html>. Acesso em: 20 jan. 2023.

OPAS – Organização Pan-Americana da Saúde. **OMS publica primeiro relatório global sobre inteligência artificial na saúde e seis princípios orientadores para sua concepção e uso.** 28 jun. 2021. Disponível em: <https://www.paho.org/pt/noticias/28-6-2021-oms-publica-primeiro-relatorio-global-sobre-inteligencia-artificial-na-saude-e>. Acesso em: 24 jan. 2023.

PAPAROTTO, L. O impacto da LGPD nos negócios digitais. **InforChannel**, 17 nov. 2020. Disponível em: <https://inforchannel.com.br/2020/11/17/o-impacto-da-lgpd-nos-negocios-digitais/>. Acesso em: 20 jan. 2023.

PATEL, N. **Mídia digital**: entenda o que é, os tipos e como usar no seu negócio. Disponível em: <https://neilpatel.com/br/blog/midia-digital/>. Acesso em: 23 jan. 2023a.

PATEL, N. **UX**: o que é, como funciona e como aplicar (+ 5 Exemplos). Disponível em: <https://neilpatel.com/br/blog/ux-o-que-e/>. Acesso em: 20 jan. 2023b.

POLITI, C. O que é marketing de influência? **Influency.me**, 31 jul. 2019. Disponível em: <https://www.influency.me/blog/o-que-e-marketing-de-influencia/>. Acesso em: 23 jan. 2023.

REIS, T. E-procurement: como funciona esse sistema de compra e venda. **Suno**, 27 jan. 2019. Disponível em: <https://www.suno.com.br/artigos/e-procurement/>. Acesso em: 23 jan. 2023.

REUTERS. Amazon e Apple são as marcas mais valiosas do mundo, mostra pesquisa Kantar. **G1**, 21 jun. 2021. Economia. Tecnologia. Disponível em: <https://g1.globo.com/economia/tecnologia/noticia/2021/06/21/amazon-e-apple-sao-as-marcas-mais-valiosas-do-mundo-mostra-pesquisa-kantar.ghtml>. Acesso em: 18 jan. 2023.

RICARDO, J. Varejo eletrônico (E-tailing). **Economia e Negócios**, 7 out. 2021. Disponível em: <https://economiaenegocios.com/varejo-eletronico-e-tailing/>. Acesso em: 19 jan. 2023.

ROHR, R. Software de gestão de treinamento e capacitação: eleve o potencial do seu time. **Mereo**, 24 mar. 2022. Disponível em: <https://mereo.com/blog/software-treinamento-e-capacitacao/>. Acesso em: 23 jan. 2023.

RONDINELLI, J. Apesar dos desafios que precisa superar, m-commerce cresce mais de 78% em 2020. **E-commerce Brasil**, 6 jul. 2021. Disponível em: <https://www.ecommercebrasil.com.br/noticias/apesar-dos-desafios-que-precisa-superar-m-commerce-cresce-mais-de-78-em-2020/>. Acesso em: 23 set. 2022.

SALMEN, I. Saiba o que é cashback, como funciona e onde ganhar! **Méliuz**, 21 jan. 2023. Disponível em: <https://www.meliuz.com.br/blog/o-que-e-cashback/>. Acesso em: 23 jan. 2023.

SANTORO, S. **Leilão online e suas vantagens**. 10 jan. 2023. Disponível em: <https://blog.sodresantoro.com.br/como-e-um-leilao-on-line/>. 23 jan. 2023.

SANTOS, L. A. dos. Os ataques ransomware e a camada de proteção em sistemas governamentais. **Revista Científica Multidisciplinar Núcleo do Conhecimento**, v. 4, n. 7, p. 132-161, ago. 2022. Disponível em: <https://www.nucleodoconhecimento.com.br/tecnologia/ataques-ransomware>. Acesso em: 20 jan. 2023.

SANTOS, G. S. P. **Organizações exponenciais**: uma análise do desenvolvimento de startups na incubadora Midi Tecnológico. 2018. Tese (Doutorado em Engenharia e Gestão do Conhecimento) – Universidade Federal de Santa Catarina, Florianópolis, 2018. Disponível em: <https://repositorio.ufsc.br/bitstream/handle/123456789/192772/PEGC0535-T.pdf?sequence=1&isAllowed=y>. Acesso em: 22 jan. 2023.

SANTOS, M. A. da S. Inteligência artificial. **Brasil Escola**. Disponível em: <https://brasilescola.uol.com.br/informatica/inteligencia-artificial.htm>. Acesso em: 24 jan. 2023.

SANTOS, R. O que é o marco civil da internet? **Politize!**, 6 ago. 2021. Disponível em: <https://www.politize.com.br/marco-civil-da-internet/>. Acesso em: 20 jan. 2023.

SAVARESE NETO, E. Edtechs: o que são, importância e mercado. **Fia Business School**, 16 abr. 2019. Disponível em: <https://fia.com.br/blog/edtechs/>. Acesso em: 22 jan. 2023.

SCHMIDT, L. Entenda o que é o metaverso e por que as grandes empresas estão investindo nele. **Mundo Conectado**, 7 nov. 2021. Disponível em: <https://mundoconectado.com.br/artigos/v/21400/entenda-o-que-e-o-metaverso-e-por-que-as-grandes-empresas-estao-investindo-nele>. Acesso em: 24 jan. 2023.

SEBRAE – Serviço Brasileiro de Apoio às Micro e Pequenas Empresas. **O que é uma startup?** 25 mar. 2022. Disponível em: <https://www.sebrae.com.br/sites/PortalSebrae/artigos/o-que-e-uma-startup,6979b2a178c83410VgnVCM1000003b74010aRCRD>. Acesso em: 22 jan. 2023.

SEBRAE – Serviço Brasileiro de Apoio às Micro e Pequenas Empresas. **Integre seus canais de vendas a partir do conceito de omnichannel**. 2017. Disponível em: <https://www.sebrae.com.br/sites/PortalSebrae/artigos/integre-seus-canais-de-vendas-a-partir-do-conceito-de-omni-channel,87426f65a8f3a410VgnVCM2000003c74010aRCRD#:~:text=O%20que%20%C3%A9%20omnichannel%3F,lojas%20f%C3%ADsicas%2C%20virtuais%20e%20compradores>. Acesso em: 24 jan. 2023.

SERPRO – Serviço Federal de Processamento de Dados. **O que são dados pessoais, segundo a LGPD**. Disponível em: <https://www.serpro.gov.br/lgpd/menu/protecao-de-dados/dados-pessoais-lgpd>. Acesso em: 20 jan. 2023.

SILVA, A. R. O que é data science? **Staplace**. Disponível em: <https://operdata.com.br/blog/o-que-e-data-science/>. Acesso em: 19 jan. 2023.

SILVA, M. M. e. Entenda o que é streaming e confira as principais plataformas. **Melhor Plano**, 25 ago. 2022. Disponível em: <https://melhorplano.net/streaming>. Acesso em: 24 jan. 2023.

SILVEIRA, T. O que queremos com a Inteligência Artificial e como ela tem beneficiado o setor na prática? **Healthcare**, 1º out. 2021. Disponível em: <https://grupomidia.com/hcm/o-que-queremos-com-a-inteligencia-artificial-e-como-ela-tem-beneficiado-o-setor-na-pratica/>. Acesso em: 24 jan. 2023.

SOARES, V. O poder das celebridades nas redes tem relevância nítida na pandemia. **Correio Braziliense**, 13 abr. 2021. Disponível em: <http://www.correiobraziliense.com.br/diversao-e-arte/2021/04/4918012-o-poder-das-celebridades-nas-redes-tem-relevancia-nitida-na-pandemia.html>. Acesso em: 23 jan. 2023.

SOUZA, M. A influência da Internet e suas ferramentas no ambiente corporativo. **Administradores**, 3 jul. 2011. Disponível em: <https://administradores.com.br/artigos/a-influencia-da-internet-e-suas-ferramentas-no-ambiente-corporativo>. Acesso em: 24 jan. 2023.

STEPHENSON, N. **Snow Crash**. New York: Spectra Books, 1992.

SUEHIRO, S. Quais os benefícios o real digital trará para os brasileiros? **FDR**, 9 mar. 2022. Disponível em: <https://fdr.com.br/2022/03/09/quais-os-beneficios-o-real-digital-trara-para-os-brasileiros/>. Acesso em: 24 jan. 2023.

TJ-PR – Tribunal de Justiça do Estado do Paraná. **O perigo das fake news**. Disponível em: <https://www.tjpr.jus.br/noticias-2-vice/-/asset_publisher/sTrhoYRKnIQe/content/o-perigo-das-fake-news/14797?inheritRedirect=false>. Acesso em: 20 jan. 2023.

TOMASEVICIUS FILHO, E. Finalmente entrou em vigor a LGPD! **Consultor jurídico**, 3 ago. 2021, Disponível em: <https://www.conjur.com.br/2021-ago-03/tomasevicius-filho-finalmente-entrou-vigor-lgpd>. Acesso em: 20 jan. 2023.

TORO. **O que é fintech e como revolucionou o mercado financeiro para sempre?** 20 set. 2022. Disponível em: <https://blog.toroinvestimentos.com.br/fintech-o-que-e>. Acesso em: 23 jan. 2023.

TORRES, V. Tributação de novas tecnologias: entenda como funciona para startups. **Contabilizei**, 11 out. 2022. Disponível em: <https://www.contabilizei.com.br/contabilidade-online/tributacao-de-novas-tecnologias-e-startups/#:~:text=No%20caixa%2C%20ser%C3%A1%20emitida%20uma,incidir%20ISS%20sobre%20essa%20presta%C3%A7%C3%A3o.>. Acesso em: 20 jan. 2023.

TOTVS. **Realidade aumentada**: funcionalidades e perspectivas. 17 jan. 2020. Disponível em: <https://www.totvs.com/blog/inovacoes/realidade-aumentada/>. Acesso em: 24 jan. 2023.

TOTVS. **Social Commerce**: o que é, vantagens e como investir. 21 jun. 2021. Disponível em: <https://www.totvs.com/blog/gestao-varejista/social-commerce/>. Acesso em: 23 jan. 2023.

TRANSFORMAÇÃO digital: seis tendências do setor de tecnologia. **Brasil País Digital**, 29 jan. 2022. Disponível em: <https://brasilpaisdigital.com.br/transformacao-digital-seis-tendencias-do-setor-de-tecnologia-para-2022>. Acesso em: 24 jan. 2023.

VARIAN, H. R.; FARRELL, J.; SHAPIRO, C. **The economics of information technology**: an introduction. 1st. ed. Cambridge, Massachusetts: Cambridge University Press, 2004.

VINDI. **Pagamento digital**: o que é, meios utilizados e como cobrar clientes. 26 fev. 2021. Disponível em: <https://blog.vindi.com.br/pagamento-digital/>. Acesso em: 24 jan. 2023.

WEISER, M. The computer for the 21st Century. **Scientific American**, v. 265, n. 3, p. 94-104, 1991.

WINK, M. Economia colaborativa: o que é e como aplicá-la em e-commerces? **Simplo**, 8 out. 2018. Disponível em: <https://simplo7.com.br/marketing/economia-colaborativa-o-que-e-e-como-aplica-la-em-e-commerces/>. Acesso em: 23 jan. 2023.

ZACHO, R. O que é Marketplace? Veja as vantagens e desvantagens. **E-Commerce Brasil**, 15 jun. 2017. Disponível em: <https://www.ecommercebrasil.com.br/artigos/marketplace-vantagens-e-desvantagens/>. Acesso em: 28 set. 2022.

Sobre o autor

Diniz Fiori é doutor e mestre em administração pela Universidade Positivo (UP-PR) e especialista em transformação digital e expansão de empresas com 20 anos de experiência em gestão e consultoria. Diretor regional da Associação Brasileira de Comércio Eletrônico (ABComm), professor de graduação e pós-graduação e coordenador de MBA em E-commerce e Negócios Digitais. Participa de projetos de pesquisa e programas de aceleração de startups e transformação digital para empresas e da produção de artigos científicos nas áreas de inovação e negócios digitais.

Os papéis utilizados neste livro, certificados por instituições ambientais competentes, são recicláveis, provenientes de fontes renováveis e, portanto, um meio **respons**ável e natural de informação e conhecimento.

FSC
www.fsc.org
MISTO
Papel produzido a partir de fontes responsáveis
FSC® C103535

Impressão: Reproset
Abril/2023